LA CHAPELLE DES BOIS,

ou

LE TÉMOIN INVISIBLE,

MÉLODRAME

EN TROIS ACTES, EN PROSE ET A SPECTACLE,

Par R. C. GUILBERT DE PIXERÉCOURT;

Représenté, pour la première fois, à Paris, sur le Théâtre de la Gaîté, le 12 Août 1818.

PARIS,

CHEZ J.-N. BARBA, LIBRAIRE,

Editeur des Œuvres de PIGAULT-LEBRUN,

PALAIS-ROYAL, DERRIÈRE LE THÉATRE FRANÇAIS, Nº. 51.

De l'Imprimerie de HOCQUET, rue du Faubourg Montmartre, nº. 4.

1818.

PERSONNAGES.   ACTEURS.

M. BONNEVAL, premier Magistrat de
la ville. . . . . M. *Lequien.*

EUGÈNE, son fils. . . . . M. *Grévin.*

ERNESTINE, sa fille, mariée secrète-
ment à Armand. . . . . Mlle *Adèle Dupuis.*

GRIMALDI, ami d'Eugène, fils d'un
noble Vénitien, jeune débauché. . M. *Reynaud.*

Le Chevalier ARMAND, marié secrètement à Ernestine. . . . . M. *Marty.*

MICHELIN, oncle d'Armand. . . . M. *Héret.*

VIRGINIE, fille d'Armand et d'Ernestine, âgée de cinq ans, élevée dans
la maison comme un enfant trouvé.

JÉROME, pauvre braconnier. . . . M. *Duménis.*

MAGDELON, vieille domestique de
M. Bonneval . . . . Mme *Clément.*

JACQUES, son fils, aussi domestique
dans la même maison . . . . . . M. *Basnage.*

L'ÉVEILLÉ, frère de Jacques, lour-
daut, bègue, pêcheur de profes-
sion . . . . M. *Chéza.*

Un Brigadier . . . . M. *Deschamps.*

Savoyards.

Archers.

La scène est en Savoie.

LA CHAPELLE DES BOIS,

ou

LE TÉMOIN INVISIBLE,

MÉLODRAME EN TROIS ACTES.

ACTE PREMIER.

Le Théâtre représente une chapelle à demi ruinée au milieu d'une forêt ; elle occupe tout au plus trois plans ; la porte et les croisées donnent sur une grande route qui traverse le bois. Le jour touche à sa fin.

SCÈNE PREMIÈRE.

JÉROME, *endormi au pied d'un autel ruiné, à gauche* (1). *Il est assis sur son séant, et tient son fusil entre ses jambes*

Ah ! Santa Vierge ! qu'est-ce que tu as fait, pauvre Jérôme ? Pendant que tu tapais de l'œil, l'heure de l'affût s'est passée ; le gibier, il est dehors maintenant ; et, à moins que quelque lièvre, aussi paresseux que toi, ne se soit endormi dans le gîte, tu ne trouveras pas de quoi brûler une amorce. J'en suis fâché ; il y a demain un grand repas chez monsieur Bonneval, et j'aurais pu tirer un parti avantageux de ma chasse... Allons, il faut se consoler. Qui dort dîne, dit-on ; je sens à mon appetit que ce n'est pas tout-à-fait la même chose... Mais qu'importe ? on ne saurait avoir tous les plaisirs à-la-fois.

---

(1) Toutes les indications que l'on trouvera dans cette pièce, sont censées prises du parterre, c'est-à-dire, relativement aux spectateurs. Les acteurs sont placés au théâtre comme les noms des personnages, en tête de chaque scène.

(4)

Gai, Coco ! gai, coco !   (*bis.*)
J' moutrerons la danse
Du petit marmot.   (*bis.*)

Qu'est-ce que c'est donc qu'çà ? Eh ! je m'avise… ce sont
les amis qui partent pour la France…ils vont chercher fortune là-bas. Ils ont ma foi raison, et si j'étais plus jeune, je
ferais tout de même comme eux. C'est un pauvre métier que
celui de braconnier , et pourtant je n'en ai point d'autre
pour faire subsister ma femme et mes quatre enfans. Tous
les jours exposé !… Enfin!… le ciel, il l'a voulu. En
attendant, cachons mon fusil; il n'est pas nécessaire que
ces braves gens le voient… il pourrait prendre à quelqu'un
d'eux la démangeaison de parler, et qui est-ce qui en souf-
frirait? Ce serait le pauvre Jérôme.

*(Il cache son fusil sous des broussailles, à gauche, devant
la croisée.)*

SCENE II.

JÉROME , JACQUES , MAGDELON , L'ÉVEILLÉ ,
*Troupe de jeunes Savoyards, de l'un et de l'autre sexe ,
portant de petits paquets sur le dos, et ayant le bâton à la
main; quelques-uns ont des boîtes à marmotte. Ils arrivent
par la droite , et s'arrétent en dehors de la chapelle.*

JACQUES , *chante sur l'air : Gai coco.*

J' nous mettons en campagne ,
L'espoir nous accompagne ,
Je quittons not' moutagne
Pour aller à Paris.
J'avons tous d' la jeunesse ,
Et d' la délicatesse ,
Avec un peu d' richesse ,

J' reviendrons au pays.
Et vite , en mariage ,
J' prendrons un' fill' ben sage;
Dans not' petit ménage ,
Pour n'avoir point d' tapage ,
Gai , Coco! gai , Coco !
J' n'oublirons pas la danse
Du petit marmot.
Hé ! vive la cadence
Du petit marmot !

(Tous dansent sur le refrain.)

JÉRÔME.

Oh! pour ce qui est de çà , je vous réponds que vous réussirez ; avec un peu d'industrie, quand on est laborieux , économe , on est ben sûr d'y ramasser une petite fortune. C'est un bon pays que la France. Ceux-là qui en disont du mal, c'est par jalousie, voyez-vous! pas autre chose... Mais dis donc, Jacques, est-ce que tu vas aussi avec eux, toi?

JACQUES.

Pas si bête, mon cousin Jérôme..... J'allons tant seulement les reconduire un brin. (*A demi-voix.*) Vous savez que Javotte Ledru me tient au cœur... elle est du voyage, voyez-vous! Elle n'a rien du tout; moi, je n'ai qu' mes petits gages chez M. Bonneval... par ainsi il faut que j' ramassions queuqu' chose auparavant d' nous marier , et j'la voulons quitter le plus tard possible, c'te chère Javotte!

JÉRÔME.

C'est tout naturel, çà... Et vous, la mère Magdelon ?

MAGDELON.

Moi, cousin? quoi qu'j' n'ayons pas d' trop bonnes jambes, j'ons voulu les accompagner (*à demi-voix*) pour être sûre qu'Jacques reviendrait ; je l' connais : si j' n'étions pas là pour le retenir , il serait capable, pour voir plus long-tems Javotte, d'aller jusqu'à Chambéry, et peut-être ben plus loin encore ; qui sait? J'avons demain beaucoup de monde à la maison... et quoique dirait ce brave M. Bonneval, si notre

fils n'était pas là pour faire son ouvrage? y s'fâcherait peut-
être. S'il nous renvoyait d'chez lui, quoiqu' c'est que j'de-
viendrions?

JÉRÔME.

Jacques; tu as une bonne mère; aime-la bien, mon
garçon, crois-moi, aime-la bien. On trouve par-ci, par-là
des gens qui se disont nos amis; mais un bon père, une
bonne mère, on ne les remplace jamais, non, ça ne se remplace jamais. (*A l'Eveillé, qui porte des filets sur son épaule.*)
Quant à toi, l'Éveillé, je ne te demande pas où ce que tu
vas; ça se voit de reste.

L'ÉVEILLÉ, *bégayant.*

Oui, mon cou… (*Il ne peut pas achever.*)

JÉRÔME.

Mon cousin, tu veux dire. Ne te fatigue pas, mon garçon.

L'ÉVEILLÉ.

J'vas à la pê… (*De même.*)

JÉRÔME, *achevant.*

A la pêche. Tu as raison. Le moment est favorable; l'o-
rage de ce matin a troublé les eaux de l'Isère, et tu pourras
faire quelque chose… Tiens, j'ai remarqué à cinq cents
pas d'ici environ, un tournant où c' que le poisson il doit
abonder.

L'ÉVEILLÉ.

C'est là que je… (*Il fait le geste de tendre ses filets.*)

JÉRÔME.

Oui, c'est là que tu vas tendre tes filets. Ce pauvre garçon, vraiment, il me fait peine. C'est dommage qu'il ne
puisse pas parler; sans cela, je suis sûr qu'il dirait les plus
belles choses du monde. Allons, mes amis, j'vas aussi vous
accompagner un petit bout de chemin… Mais dites donc,
vous autres, est-ce que vous comptez partir sans avoir de-
mandé l'assistance du ciel? S'il faut être toujours en paix
avec sa conscience, c'est surtout quand on entreprend un
grand voyage, ça rend plus léger de moité. S'til à qui voit
tout là-haut, quand il est content de nous, eh bien! il nous

aide à supporter les fatigues, et nous préserve de mauvaises rencontres.

MAGDELON.

Il a raison, Jérôme.

JÉRÔME.

Pas vrai, la mère, que j'ai raison?... Oh! j'ai toujours raison, moi! Allons, vous autres, à genoux... il ne faut pas perdre les bonnes habitudes de nos pères. (*Tout le monde s'agenouille et se prosterne vers l'autel dont on voit les restes. Eugène et Grimaldi paraissent au fond et se retirent aussitôt sans avoir été aperçus. Après un instant de silence et de recueillement, Jérôme se lève.*) C'est bon, mes enfans... Allons, en route, maintenant, et vive la joie! (*On s'éloigne par la gauche, en chantant*): Gai Coco!

~~~~~~

SCENE III.

EUGÈNE, GRIMALDI.

EUGÈNE, *entre le premier par la droite.*

N'achève pas, te dis-je... tu me fais horreur!

GRIMALDI.

Grands mots que tout cela, mon cher, et qui ne m'en imposent pas. Ce qui doit te faire horreur, c'est d'être emprisonné, deshonoré, perdu dans l'opinion de tes amis et des gens du monde.

EUGÈNE.

Nuit funeste!..... Pourquoi me suis-je laissé conduire dans cette maison?

GRIMALDI.

Pourquoi?... Tu as cédé à l'appât du gain. Demande à tous les joueurs s'ils ont un autre motif.

EUGÈNE.

Perdre trente mille francs sur parole!
~~~~~~

GRIMALDI.

Prends garde ! il y a erreur dans ton calcul : tu n'en as perdu que dix sur parole, et c'est moi qui les ai gagnés. Sois tranquille, je ne te presserai pas. Je sais ce que l'on doit d'égards à un ami malheureux. Je te donnerai trois jours, huit jours même, s'il le faut. Qui sait d'ailleurs si tu ne me les regagneras pas à notre prochaine réunion ?

EUGÈNE.

Moi ! que je retourne jamais dans cet antre infernal !

GRIMALDI.

Il ne faut jurer de rien, mon ami. Ce qui est vraiment inquiétant, c'est le billet de vingt mille francs, payable à vue, que tu as souscrit au profit du banquier... voilà ce qui doit surtout fixer notre attention, exciter notre sollicitude. Le terme est court ; c'est demain à midi que l'on doit se présenter.

EUGÈNE.

Et pas la moindre ressource ! Tous ceux sur lesquels j'avais fondé quelqu'espoir sont absents ou dépourvus de fonds.

GRIMALDI.

Tu crois cela ? quelle simplicité ! connais donc mieux les hommes. En tout cas, s'il t'en arrive mal, tu ne pourras t'en prendre à moi : je t'ai offert un moyen sûr, et tu le repousses.

EUGÈNE.

Quel moyen, Grand Dieu ! ce qui n'est qu'un tort commun à beaucoup d'hommes faibles, égarés, deviendrait un crime, un crime volontaire, prémédité... par conséquent sans excuse.

GRIMALDI.

Mais, je te prie, où vois-tu là-dedans un crime ? Tu es fou, mon cher Eugène. M. Michelin, le plus riche capitaliste du pays, doit aller ce soir à Chambéry, pour une affaire majeure qui nécessite l'emploi immédiat de fonds considérables ; par conséquent nous sommes assurés qu'il aura sur lui les moyens de nous tirer d'embarras.

EUGÈNE.

Que n'avons-nous été chez lui demander...?

GRIMALDI.

L'inimitié qui règne entre vos deux familles s'y opposait. Il est impossible qu'une pareille démarche demeure ignorée dans une petite ville, et Dieu sait quelles terribles réprimandes nous aurions essuyées de la part de ton père ! Il aurait voulu savoir le motif de notre visite, et qu'aurions-nous répondu ? Va, j'ai bien réfléchi. Le seul individu qui pouvait t'être utile, est précisément le seul auquel tu ne pourrais avoir recours, si, par une circonstance unique, ta bonne étoile ne l'envoyait pour ainsi dire au-devant de nous.

EUGÈNE.

Je te le répète, Grimaldi, ce conseil est affreux.

GRIMALDI.

Apparemment tu ne m'as pas compris. Voici la route de Chambéry : il faut de toute nécessité que M. Michelin passe là. Eh bien ! en nous promenant dans le bois, nous le rencontrons ; on lie conversation. Chemin faisant, tu lui racontes ton malheur, tu lui peins avec énergie l'indignation de ton père, s'il venait à apprendre qu'un fils auquel il a donné l'éducation la plus sévère et les meilleurs exemples, a perdu au jeu dans une soirée, une partie de sa fortune. Notre homme connaît le caractère inflexible de M. Bonneval, et ne pourra mettre en doute les résultats fâcheux de ta mésaventure. Je crois fermement qu'il en sera touché, et que, ne fût-ce que par amour-propre, et pour se venger noblement d'un homme dont il croit avoir à se plaindre, en obligeant son fils, il n'hésitera point à nous prêter la somme qui t'est nécessaire, moyennant une reconnaissance en bonne forme, et que je cautionnerai s'il l'exige.

EUGÈNE.

S'il refuse ?

GRIMALDI.

Il n'osera pas.

La Chapelle.

B

EUGÈNE.

Il ne l'osera pas, dis-tu ? ce mot te condamne.

GRIMALDI.

Toujours de l'exagération ! Arrange-toi donc comme tu voudras : attends avec résignation que les archers s'emparent de toi, qu'ils te traînent en prison, et que ton père, connu pour la rigidité de ses principes, et l'impartiale équité avec laquelle il exerce depuis trente ans les premières fonctions de la magistrature, te déshérite, te maudisse.

EUGÈNE.

Malheureux vieillard qui fondait sur moi tout l'espoir de ses dernières années !

GRIMALDI.

En voyant un billet souscrit avant-hier à Chambéry, il saura que, trompant sa vigilance, nous nous absentons souvent la nuit ; que la soif de l'or, la mauvaise compagnie, ce qu'il appèle le vice enfin, a pour nous tant d'attraits, que nous ne craignons pas de franchir de grandes distances, de braver les élémens, les dangers de toute nature, qui peuvent résulter de pareilles étourderies, pour nous réunir à des jeunes gens que nous trouvons aimables, parce qu'ils nous ressemblent, mais que l'on est généralement convenu de regarder comme de mauvais sujets, des hommes débauchés.

EUGÈNE, *à part*.

Oh ! puissé-je ne les avoir jamais connus ! Sais-je maintenant où me conduira ma fatale désobéissance ?

GRIMALDI.

Songe enfin qu'en te perdant tu m'entraînes dans ta chûte. Est-ce là, dis-moi, la récompense que tu dois à ma longue et sincère amitié ? Pour en resserrer plus étroitement les liens, j'avais formé le projet de m'unir à ta sœur, la charmante Ernestine. M. Bonneval ne serait point contraire à cette alliance : quelques mots échappés m'en ont donné la certitude. Mais quel changement, quelle révolution dans ses idées, lorsqu'il apprendra que ce Grimaldi auquel il suppose

des mœurs pures, une conduite irréprochable, parcourt avec
son fils la carrière du vice, dans laquelle, peut-être, il l'a
précédé. Plus de mariage, plus de rapprochement : nous
sommes à jamais séparés... Ah! je le dis avec amertume,
ton hésitation est impardonnable. Tu me perds sans te sauver, tandis qu'avec un peu d'assurance, nous pouvons sortir
vainqueurs de ce mauvais pas.

EUGÈNE.

Tes discours spécieux ne me séduiront point.

GRIMALDI.

Ecoute-moi.

EUGÈNE.

Je n'en ai que trop entendu.

GRIMALDI.

Tu préfères donc t'exposer?...

EUGÈNE.

A tout, plutôt que de consentir à une pareille démarche.

GRIMALDI.

Encore un mot.

EUGÈNE.

Laisse-moi !

GRIMALDI.

Je ne te quitte pas. (*à part.*) En exagérant le courroux
de son père, je parviendrai peut-être à le décider. (*haut.*)
Eugène !

EUGÈNE, *en s'en allant.*

Laisse-moi, te dis-je! (*Il s'éloigne par la gauche. Grimaldi le suit.*)

~~~~~~

SCÈNE IV.

VIRGINIE, ERNESTINE.

(*Virginie arrive en courant par la droite. Parvenue à la porte,
elle se retourne, frappe dans ses mains, et saute en ma-
nifestant sa joie, puis elle va se mettre à genoux devant
l'autel.*)
~~~~~~

(Ernestine s'avance lentement vers la chapelle. Elle tient un papier à la main.)

VIRGINIE.

Ah ! je savais bien que j'arriverais la première.

ERNESTINE, *l'embrasse et continue sa lecture.*

« C'est dans cette chapelle où je reçus tes sermens, que
» je desire te revoir d'abord. Fais ensorte de t'y rendre
» samedi prochain à la chute du jour, avec notre chère
» Virginie. Je calculerai ma marche, de manière à y arriver
» en même tems que toi. Conçois-tu, ma chère Ernestine,
» quel bonheur éprouvera ton époux, lorsqu'en saluant sa
» terre natale, les objets de sa tendre affection s'offriront
» les premiers à sa vue ! oui, sans doute, tu le concevras ;
» nos cœurs s'entendent si bien. »

VIRGINIE.

Mais, maman, quand donc auras-tu fini ta lecture ?

ERNESTINE.

Virginie, soyez plus sage, je vous prie, ou sinon, je ne
vous emmènerai plus à la promenade.

VIRGINIE.

Pardon, ma petite maman, c'est pour rire.... Faisons
la paix.

(Elle lui tend les bras. On entend du bruit.)

SCENE V.

ARMAND, ERNESTINE, VIRGINIE.

ARMAND, *arrive par la gauche.*

Ce sont elles !

ERNESTINE.

Armand !

(Ils s'élancent l'un vers l'autre, et se tiennent embrassés.)

ARMAND.

Bientôt cinq ans, mon Ernestine, que nous sommes séparés!... mais je te revois enfin... je te presse sur mon cœur! Nous ne nous quitterons plus, je l'espère.

ERNESTINE.

Embrasse donc aussi ta Virginie.

ARMAND, *la prend et l'embrasse.*

Chère enfant! (*Il s'assied sur un banc à droite ; Ernestine s'y place près de lui.*) Oh! qu'il est doux, le premier baiser que l'on donne à sa....

ERNESTINE, *à demi-voix.*

Sois prudent, mon ami; un mot pourrait tout perdre.

ARMAND *tire son porte-feuille, l'ouvre, et paraît considérer un portrait qu'il compare avec sa fille.*)

La voilà bien telle que ce portrait l'offrit à mes yeux, il y a près d'un an; c'était le jour de ma fête.

ERNESTINE.

Une amante, une mère pouvait-elle t'adresser un présent plus précieux?

ARMAND.

Non, sans doute.

ERNESTINE.

Virginie, va t'asseoir là, au pied de l'autel, et joue seule un moment.

VIRGINIE.

Avec quoi veux-tu que je joue?

ARMAND, *lui donne le porte-feuille après l'avoir fermé.*

Tiens, chère amie.

VIRGINIE.

Merci, Monsieur.

ARMAND, *à Ernestine.*

Monsieur!... ce mot me fait mal! (*haut.*) Appèle-moi donc....

ERNESTINE.

Armand, songe à ton Ernestine..... au tort irréparable que nous ferait une indiscrétion.

(14)

ARMAND.

Pardonne, ma bien-aimée ! Le sentiment que j'éprouve
est si nouveau, si vif, que j'ai peine à le contenir ! Quels
souvenirs énivrans ce lieu me rappèle ! C'est ici que nous
fûmes unis secrètement par ta mère, il y a près de six ans...
C'est à cette place qu'elle nous donna sa bénédiction, et
que ses tendres vœux appelèrent sur nous le bonheur... Le
ciel les a exaucés. Hélas ! pourquoi n'a-t-il pas permis
que cette bonne mère vécût pour jouir de mes succès, et
partager la joie de ses enfans ?... J'étais sous-lieutenant
quand je partis, et je reviens major. Décoré sur le
champ de bataille, j'ai reçu les preuves les plus flatteuses
de l'estime de mes chefs. Mon sort est assuré maintenant.
Grâce à quelques actions d'éclat, j'ai acquis une existence
honorable. Tu m'aimes, je te dois le doux nom de père ! Il
ne manque plus à ma félicité que de voir notre hymen
déclaré et revêtu du consentement de M. Bonneval. Je me
flatte, Ernestine, qu'il n'aura plus aucun motif pour me le
refuser... C'est du moins cette pensée qui m'a soutenu dans
mes cruelles fatigues. Elle a centuplé mon courage ;
Oui ; c'est à elle que je dois mon avancement et le bonheur de te revoir.

ERNESTINE.

Cher ami ! tes espérances sont les miennes. Quand je
frémissais de tes dangers, quand mon cœur tressaillait au
bruit de tes exploits, c'est qu'il se portait à l'instant vers
l'avenir. Que de larmes j'ai répandues depuis ton départ !
Si tu savais quelle pénible contrainte je me suis imposée !
Résolue à ne point me séparer de notre chère Virginie, il
m'a fallu consentir à la voir traiter, à la traiter moi-même
en public avec cette froideur, cette indifférence que l'on
affecte pour un enfant secouru par la pitié.

ARMAND.

Que veux-tu dire ?

ERNESTINE.

Hélas! ce fut le dernier bienfait de ma mère. Quelques

(15)

jours avant sa mort, elle voulut m'offrir elle-même l'unique
consolation qui pût adoucir une perte qu'elle prévoyait devoir être prochaine, et nous apporta un soir, comme nous
en étions convenues, cette petite créature qu'elle dit avoir
trouvée sur la route ; elle fit promettre à mon père qu'il
en prendrait soin ; on me chargea de son éducation, et il
fut permis à Virginie de me nommer sa mère. Avec quelle
tendre sollicitude j'ai veillé sur elle !... Je me disais : Si le
ciel veut que je succombe à mes longs ennuis, à ma douleur, Armand, à son retour, trouvera peut-être dans le
sourire, dans le regard de cette aimable enfant, quelque
chose du regard, du sourire de son Ernestine ; il n'ou-
bliera pas tout-à-fait celle qui lui a tout sacrifié. Oui,
mon ami, je me consolais de mourir, par l'espérance de
vivre toujours dans ta pensée.

ARMAND.

Peux-tu, jusque dans les bras de ton fidèle époux, te li-
vrer encore à ces souvenirs mélancoliques ?

ERNESTINE.

Pardonne, mon ami ! Je suis heureuse, sans doute ; je
dois l'être du moins et cependant un sentiment secret, plus
fort que ma volonté, ne permet pas que je m'abandonne à
la joie.

ARMAND.

C'est, je le conçois, une suite de ta tristesse habituelle ;
mais songe bien que j'aurais le droit de m'en fâcher, si
elle durait plus long-tems. Sourions à la fortune, puisqu'elle
a daigné nous sourire. Je te l'avoue, je ne prévois plus rien
de contraire à nos desirs, et je défierais, je crois, le malheur de nous atteindre désormais.

ERNESTINE.

Puissent tes pressentimens se réaliser ! Mais il est tard :
la nuit devient plus sombre, on pourra s'apercevoir de mon
absence. Il faut nous séparer.

ARMAND.

Cette fois, du moins, ce ne sera pas pour long-tems

Demain , je me présenterai chez ton père, et tout me fait espérer que j'en serai favorablement accueilli. Je ne l'accuse point : j'étais sans état lorsque j'osai lui demander ta main, il y a six ans. Je dépendais entièrement de mon oncle Michelin, et il était assez naturel que M. Bonneval ne voulût point voir l'époux de sa fille doté par un homme auquel il croit avoir des torts graves à reprocher. Aujourd'hui ma position est tout-à-fait changée. Ton père est trop équitable pour vouloir me punir des torts d'un parent dont je puis me passer, et je suis certain qu'il comblera nos vœux.

ERNESTINE.

Que je serai fière de pouvoir te nommer hautement mon époux !

ARMAND.

Ernestine, veux-tu que t'accompagne ?

ERNESTINE.

Oh ! non, ce serait une imprudence. Il faut même que tu évites d'entrer à la ville du même côté que moi.

ARMAND.

Je vais reprendre mon cheval que j'ai laissé au bas de la montagne. En côtoyant l'Isère, j'abrégerai le chemin, et j'arriverai à la ville avant toi. Bon soir, Virginie. A demain, Ernestine. (*Il s'éloigne par la gauche.*)

ERNESTINE *l'a conduit jusqu'en dehors, et le suit de l'œil.*

A demain ! de bonne heure, n'est-ce pas ?

ARMAND , *de loin.*

Avant dix heures.

SCENE VI.

ERNESTINE, VIRGINIE.

ERNESTINE, à l'entrée de la chapelle.

Viens, Virginie.

VIRGINIE.

Oui , ma petite maman.

(En se levant, elle laisse tomber le porte-feuille.)
ERNESTINE *la prend par la main , et se dispose à sortir par
la droite.*

Tu as laissé tomber quelque chose.

VIRGINIE.

C'est le joujou que ce monsieur m'a donné.

ERNESTINE.

Va le chercher. Il faudra le lui rendre.

VIRGINIE *cherche un moment.*

Je ne le trouve pas.

ERNESTINE.

Que tu es maladroite ! (*Elle revient dans la chapelle ,
et commence à chercher , quand on entend parler confusé-
ment en dehors , à droite.*) Qu'entends-je ?.... Ciel !....
(*Elle écoute près de la porte.*) Je ne me trompe pas...
c'est la voix de mon frère !... peut-être l'a-t-on chargé de
me suivre... Où me cacher ?... Je serais perdue si mon
père apprenait... Viens, Virginie.

(*Elle entre dans une espèce de sacristie , à droite, au premier plan , fermée par une mauvaise porte vermoulue ,
et à laquelle il ne reste plus que deux ou trois carreaux.
Ce renfoncement est à jour du côté du public. Nuit
profonde.*)

SCÈNE VII.

GRIMALDI, MICHELIN , EUGÈNE , VIRGINIE, ERNESTINE.

(*On voit Eugène , Grimaldi et Michelin traverser vivement
le fond , de droite à gauche , tout en parlant. Ils n'entrent
point dans la chapelle.*)

La Chapelle.   C

GRIMALDI.

De grâce, M. Michelin.

ERNESTINE, *à part.*

Michelin !

GRIMALDI.

Consentez à nous rendre ce service !

MICHELIN, *d'une voix ferme et presque menaçante.*

Encore un coup, laissez-moi, Messieurs, je ne rends point de service sur la grande route.

EUGÈNE.

Viens, mon ami..... N'insistons pas, puisque Monsieur refuse.

(*Michelin disparaît à gauche ; mais Grimaldi se dégage, et court après lui, malgré la résistance d'Eugène.*)

SCÈNE VIII.

ERNESTINE, *sortant de la sacristie.*

Qu'entends-je ?... par quel hasard mon frère et Grimaldi se trouvent-ils ici avec M. Michelin ?... Quel est donc ce service qu'ils réclament ? (*Elle va écouter près de la croisée de gauche.*) O ciel ! un emprunt de vingt mille francs !... l'ai-je bien entendu ?... Il n'est que trop vrai !... Ah ! tout mon sang se glace !... mes genoux fléchissent ! je me sens mourir !... (*Elle tombe près de la porte, mais en se soutenant sur un bras, elle se traîne presqu'en dehors pour prêter l'oreille à gauche.*) On ôse menacer ce vieillard !... Serait-ce mon frère ?... Non, non, ce n'est pas lui... c'est l'infâme Grimaldi. M. Michelin résiste !... il les menace à son tour !... Que vont-ils faire ?... Oh ! mon dieu ! je frissonne !... s'ils allaient... je cours !... (*On entend un coup de pistolet.*) Quelle horreur !

VIRGINIE, *effrayée, sort de la sacristie, et s'écrie :*

Maman !

ERNESTINE, *éperdue, prend l'enfant, et l'emporte en lui couvrant la bouche.*

Tais-toi !... tais-toi !...

(*Elle va tomber évanouie dans le renfoncement où elle s'était réfugiée d'abord.*)

~~~~~~

SCENE IX.

EUGÈNE, GRIMALDI.

EUGÈNE, *éperdu, entre le premier dans la chapelle.*
Qu'as-tu fait ? malheureux !

GRIMALDI, *entrant après lui.*
J'ai usé du droit d'une légitime défense. Il a voulu tirer sur moi.

EUGÈNE,
Et quand il serait vrai ; n'est-ce pas nous qui l'avons provoqué ?

GRIMALDI.
Quel mal pouvions-nous lui faire ? nous étions sans armes.

EUGÈNE.
Nous sommes des assassins !

GRIMALDI.
Que dis-tu ? Si j'ai commis un meurtre, le ciel sait, du moins, que c'est sans intention.

EUGÈNE.
Voilà donc où peuvent conduire la désobéissance et le mépris de l'autorité paternelle !

GRIMALDI.
Calme-toi.

EUGÈNE, *tout à sa douleur, n'écoute plus Grimaldi, qui, de son côté, réfléchit.*
Pénétré des meilleurs principes, rempli d'honneur, ayant poussé toujours la probité jusqu'au scrupule, me voilà devenu complice d'un assassinat !...
~~~~~~

GRIMALDI.

Encore une fois, tu n'es point coupable. C'est moi seul....

EUGÈNE.

Pour avoir un instant méconnu mes devoirs, prêté l'oreille à la séduction, fréquenté des hommes pervers, me voilà souillé du sang de mon semblable... je vais couvrir d'opprobre un père irréprochable, une famille innocente !.. Je périrai de la mort des criminels !... (*éclairs, coups de tonnerre.*) Juste ciel ! que ta foudre m'anéantisse auparavant !... O terre, ouvre tes abîmes ! engloutis un monstre indigne de la vie !...

(*Il tombe à terre, à-peu-près sans connaissance ; sa tête touche à la porte de la sacristie.*)

GRIMALDI.

Il me fait trembler !... il est impossible que ses cris n'attirent pas du monde... et que deviendrons-nous alors ?... ce cadavre est une preuve accablante. Que faire ?... où le cacher ?... L'Isère est tout près... que ses flots dérobent, s'il se peut, jusqu'à la dernière trace de mon crime.

(*A la lueur des éclairs, on voit à travers la croisée, Grimaldi s'enfoncer dans l'épaisseur du bois. La foudre gronde ; elle éclate et sillonne la chapelle en tous sens. Pendant cette scène de terreur, Eugène revient doucement à lui.*)

SCÈNE X.

EUGÈNE, VIRGINIE, ERNESTINE.

EUGÈNE.

O Ciel ! ta bonté, dont je suis indigne, daignerait-elle exaucer mes vœux ?... Frappe ma tête coupable avant que ta justice, à laquelle le méchant se flatte en vain d'échapper, la fasse tomber sur un échafaud, pour l'exemple du monde et l'expiation d'un horrible forfait ! mais non, déjà je vois

étinceler son glaive!... tu me repousses, Grand Dieu! tu
le dois... je ne mérite pas cette faveur!

VIRGINIE, *d'une voix plaintive et frappant à la porte.*

Monsieur Eugène!

EUGÈNE, *se levant avec effroi.*

Qu'entends-je? on m'a nommé!... je suis reconnu! Qui
donc est là?

VIRGINIE.

C'est moi.

EUGÈNE.

Qui?

VIRGINIE.

La petite Virginie.

EUGÈNE, *ouvrant la porte, et tirant brusquement l'enfant.*
Tous les mouvemens d'Eugène sont convulsifs.

Virginie! (*avec une voix terrible.*) Virginie!

VIRGINIE, *effrayée s'échappe, pousse un cri et se jette sur*
sa mère.

Maman! maman!... défends-moi!

ERNESTINE, *revenant à elle, mais sans avoir toute sa con-*
naissance. Elle pousse un cri perçant.

Ah! (*Elle se lève, et se place entre sa fille et Eugène,*
qu'elle ne reconnaît pas.) Qui que vous soyez, épargnez
cette innocente créature!..... Prenez ma vie; mais, par
pitié, au nom de ce qui vous est cher, sauvez ma fille!

EUGÈNE.

Ta fille!... Que dis-tu?

ERNESTINE, *dans une espèce de délire.*

Oui, je suis sa mère... Tout le monde l'ignore; mais je
ne crains pas de vous l'avouer pour conserver ses jours...
N'ajoutez pas un meurtre inutile à celui que vous venez...

EUGÈNE, *au comble de l'effroi et de la terreur.*

Ernestine!

ERNESTINE.

Mon nom!

EUGÈNE, *lui couvrant la bouche.*

Tais-toi!

ERNESTINE.

Qui donc êtes-vous?

EUGÈNE, *d'un voix étouffée.*

Ne me rappèle pas...

ERNESTINE, *reprenant ses esprits.*

Ah! malheureux!... je te reconnais... c'est mon frère!...

EUGÈNE.

Je suis indigne de l'être.

ERNESTINE, *s'éloigne avec horreur.*

Ne me touche pas!... ne me touche pas!... tu dois être couvert de sang.

EUGÈNE.

Tu as raison, je ne mérite plus que ta haine! J'entends du bruit... on vient... tu n'as pas le tems de fuir... C'est Grimaldi, sans doute... Ah! je t'en supplie, garde le plus profond silence.... ce forcené ne t'épargnerait pas. Que sa fureur, du moins, ne s'étende pas jusqu'à toi!

(Ernestine, reste blottie à droite; elle tient son enfant debout entre ses jambes, et lui cache la tête dans sa robe. Eugène est immobile dans le milieu de la chapelle.

SCENE XI.

JÉROME, EUGÈNE, ERNESTINE, VIRGINIE.

JÉRÔME, *retirant vivement son fusil de dessous les broussailles.*

(*A part.*) C'est de ce côté que le coup est parti... Il m'a semblé entendre des cris... sans doute quelque malfaiteur... Tâchons de le saisir!... même au peril de sa vie, on doit toujours rendre service à la société.

EUGÈNE, *se rapprochant d'Ernestine, à voix basse.*

Silence, Ernestine! sois immobile... on te croirait ma complice... Hélas! c'est bien assez d'un criminel dans notre famille.

JÉRÔME, *prêtant l'oreille, à part.*

Si les oreilles ne me trompent, je ne suis pas seul dans c'tte chapelle. (*Haut et d'une voix forte.*) Qui va là ?

EUGÈNE, *à part.*

Tâchons d'attirer cet homme hors d'ici : du moins je sauverai ma sœur.

(*Il remonte la scène et cherche à sortir ; mais Jérôme ne s'éloigne pas de la porte, et tient son fusil en joue. Eugène se met en devoir de franchir une des croisées ogives et ruinées qui sont de chaque côté de la porte.*)

JÉRÔME.

Encore une fois, et pour la dernière, qui va là ? Répondez, ou je tire... Du premier coup je vous fais quitter le gîte, et du second je vous étale comme un lièvre... c'est aussi vrai comme Dieu il est notre maître... ne vous y fiez pas... sur mon âme... Je suis un chasseur de nuit, j'ai des yeux de chouette : malgré l'obscurité, je ne vous manquerai pas.

SCÈNE XII.

GRIMALDI, JÉROME, EUGÈNE, ERNESTINE, VIRGINIE.

GRIMALDI *entre dans la chapelle en franchissant la croisée de gauche ; il vient doucement derrière Jérôme, se jette brusquement sur lui, l'étreint dans ses bras, le désarme, et parle en contrefaisant sa voix.*

Ah ! ah ! tu es braconnier, et tu oses t'en vanter ! coquin ! c'est moi qui t'arrête.

JÉRÔME.

Pardon, Monsieu l'archer !

GRIMALDI, *à part.*

Il me prend pour un archer ! profitons de la méprise.

JÉRÔME.

J'ai entendu des cris...

GRIMALDI.

Et moi aussi, je les ai entendus. Que t'importe ? Es-tu chargé de la police des grandes routes ?

JÉRÔME.

On ne m'a pas fait cet honneur ; mais je vous assure que c'est dans la meilleure intention.

GRIMALDI.

Oui, fort bien, je la devine ton intention. Tu voulais user du droit de la force pour dépouiller quelque voyageur... Tu es un misérable, et je te ferai punir.

JÉRÔME, *à genoux*.

Faites - moi grâce, Monsieur l'archer ! J' suis un pauvre diable, mais honnête dans l' fond. N' privez pas une malheureuse femme et quatre petits enfans, du seul soutien qu'ils aient dans c' monde ; vous ferez une bonne action, et Dieu il vous récompensera... ben sûr, il vous récompensera.

GRIMALDI.

Comment t'appèles-tu ?

JÉRÔME.

Jérôme.

GRIMALDI.

Où demeures-tu ?

JÉRÔME.

Dans une chétive chaumière, à l'entrée du bois... mais je suis connu.

GRIMALDI.

S'il est vrai que tu sois aussi malheureux que tu le dis...

JÉRÔME.

Je le jure, Monsieur.

GRIMALDI.

Je te fais grâce.

JÉRÔME.

Oh ! vous êtes bien bon !

GRIMALDI.

Seulement, je garde ton fusil.

JÉRÔME.

Hélas! c'est mon gagne pain que vous m'ôtez.

GRIMALDI.

Il m'est impossible de te le laisser ; mais je veux t'offrir un dédommagement. Tiens, à défaut d'argent, je te confie cette bague. Tu la rapporteras à St.-Jean-de-Maurienne, chez le brigadier, pour te faire reconnaître, et je te donnerai un léger secours.

JÉRÔME, *prenant la bague.*

Que l'ciel il vous accorde toutes sortes de prospérités!

GRIMALDI.

Va, et songe que si je te retrouve...

JÉRÔME.

Oh ! il n'y a pas de risque.... avant qu'il se fasse dix minutes, je serai rentré. Bonsoir, Monsieu l'archer, en vous remerciant d'tout mon cœur. (*Il sort.*)

SCENE XIII.

GRIMALDI, EUGÈNE, ERNESTINE, VIRGINIE.

EUGÈNE, *bas à Ernestine, pendant que Grimaldi accompagne Jérôme*

Pendant que j'occuperai Grimaldi, fais-en sorte de retourner bien vite à la maison. Si mon père me demande, tu chercheras un prétexte pour motiver mon absence.

GRIMALDI, *qui a paru écouter un instant, redescend en scène,*

Eugène, es-tu là ?

EUGÈNE, *se rapprochant de lui.*

Oui.

GRIMALDI.

A qui parlais-tu donc ?

La Chapelle.   D

EUGÈNE.

A qui?... A toi, apparemment.

GRIMALDI.

C'est singulier.... il m'avait semblé....Paix! (*Il écoute.*)
Eugène, tu m'as trompé.

EUGÈNE.

Comment ?

GRIMALDI.

Nous ne sommes pas seuls ici.

EUGÈNE, *troublé.*

Pas seuls!... Et qui veux-tu?...

GRIMALDI.

C'est à toi que je le demande... Je viens d'entendre
comme le froissement d'une robe... Quelqu'un est ici...
mais qui que ce soit, s'il a notre secret, il ne l'emportera
que dans l'autre monde.

EUGÈNE.

Encore un meurtre!... Fuyez!... fuyez!...

GRIMALDI.

C'est en vain que tu m'arrêtes... je l'atteindrai à la porte.
(*Il tire un coup de fusil dans la direction de la porte, au
moment où Ernestine la franchit; mais Eugène a relevé
l'arme, et le coup part à dix pieds au-dessus.*)

EUGÈNE.

Malheureux, c'est ma sœur que tu assassines!
(*Ernestine fuit; on la voit à travers la croisée de droite.*)

GRIMALDI.

Tu nous perds!

EUGÈNE.

Qu'importe? j'ai dû sauver ma sœur!

Fin du premier Acte.

ACTE II.

Le Théâtre représente un salon ouvert, donnant sur des jardins.

SCENE PREMIÈRE.

JACQUES, L'ÉVEILLÉ, MAGDELON.

(L'Éveillé est debout entre Jacques et Magdelon qui sont assis ; il pleure.)

JACQUES.

Quand tu pleureras comme un grand nigaud, çà n'avancera pas tes affaires, çà.

MAGDELON.

Aussi, c'est une idée ben singulière que tu as, de vouloir faire chanter un garçon qui n'peut pas parler.

JACQUES.

Ecoutez donc, ma mère, j'n'avons pas été le chercher, moi. Pourquoi vient-il me prier de lui apprendre comment il faut qu'il s'y prenne pour plaire à son amoureuse ?

MAGDELON.

Pourquoi ? pourquoi ?.... Parce qu'il a un cœur, ce garçon.

JACQUES.

C'n'est pas tout qu'd'avoir un cœur, faut pouvoir parler... Fallait voir comme j'dégoisions çà à Javotte ; fallait entendre les jolies chansons que j'l'y sifflions tous les soirs pour l'empêcher d'dormir... aussi elle m'aimé, Javotte. Y voudrait qu'Fanchonette l'aimât itou. Ecoutez

donc, ma mère, il y a homme et homme : j'sommes
gentil, il est laid ; j'sommes ben tourné, il est long d'une
aune, et efflanqué comme une asperge ; j'ons un jargon qui
fait rire, y ne sait pas dire pouf! quand j'sommes une fois
en train, il n'y a pas d'raison pour que j'm'arrète, et lui,
y n'peut pas tant seulement commencer. Ecoutez donc,
on n'aime pas çà; demandez plutôt.

MAGDELON.

Mais tu le brusques aussi! si tu t'y prenais plus doucement, peut-être réussirais-tu.

L'ÉVEILLÉ, *sanglottant.*

Oui, il... il m'...

JACQUES, *le contrefait.*

Oui, il m'... Allons, voyons... j'vas essayer encore une
fois; mais si tu as toujours la tête aussi dure, je t'abandonne à ton mauvais sort.

(*Il chante le premier vers d'une chanson savoyarde, que
l'Eveillé ne peut jamais répéter. Ce jeu recommence plusieurs fois, et le désespoir de l'Eveillé augmente toujours.*)

MAGDELON.

Ecoute-moi, mon garçon, je te conseille de renoncer à
ta chanson ; tu n'la sauras jamais. Tâche seulement d'apprendre la danse, et dépêche-toi : il faut que tu ailles tout-
à-l'heure lever tes filets. Chante, Jacques ; nous allons
danser avec toi.

JACQUES.

Regarde-moi ben, et tâche d'faire comme moi.

L'ÉVEILLÉ.

J'vas... j'vas tâ...

JACQUES, *chante.*

Garçons qui d'sirez lestement
Fair' vot' chemin auprès d'un' belle,
Songez qu'il n'est pas suffisant
De l'y jouer de la prunelle ;

Ne cherchez pas à l'émouvoir
Par d'gros soupirs qui la font rire.
Pour plaire aux femmes , faut avoir
Quelqu'chos' d'amusant (*bis*) à leur dire.

Les femm's aimont les complimens ,
Et la moins coquette en raffole.
Voulez-vous leur plaire long-tems ?
Ayez sans cesse la parole.
Un petit mot dit à propos ,
D'plaisir la fait toujours sourire ,
Mais la beauté nous tourn' le dos ,
Quand j'n'avons plus rien (*bis*) à lui dire.

(Jacques chante en dansant ; l'Eveillé le regarde et tâche de l'imiter ; mais il n'y parvient pas : ses pas , ses attitudes, tout est grotesque comme sa personne ; animée par le chant, Magdelon se joint aux deux autres.)

SCÈNE II.

GRIMALDI, EUGÈNE, JACQUES, L'ÉVEILLÉ, MAGDELON.

EUGÈNE.

Depuis quand cette salle est-elle destinée à vos exercices ? Sortez.

JACQUES, *à sa mère.*

Monsieur Eugène a de l'humeur à ce matin.

MAGDELON.

Chacun a ses soucis , mon garçon : on ne doit jamais critiquer ses maîtres.

(Elle fait la révérence. Ils sortent.)

SCENE III.

GRIMALDI, EUGÈNE.

GRIMALDI.

Oui. Pendant que tu gémissais, j'ai bien réfléchi. Tout calculé, ce moyen est le seul qui puisse nous garantir de l'indiscrétion de ta sœur.

EUGÈNE.

Ernestine m'aime; j'ai reçu mille preuves de sa tendresse, et je ne croirai jamais qu'elle trahisse un secret duquel dépend ma vie.

GRIMALDI.

Sans doute elle ne le ferait point avec l'intention de nuire; mais ce sexe est par fois si faible! Nous devons l'enchaîner par un lien qu'elle ne puisse rompre sans compromettre son honneur, sa réputation, sans se perdre elle-même : pour cela, je dois l'épouser.

EUGÈNE, *à part.*

Mais cet aveu qui lui est échappé dans la forêt... Cet enfant dont elle se déclare la mère...

GRIMALDI.

A quoi penses-tu?

EUGÈNE.

Il faudrait peut-être...

GRIMALDI.

Attendre que tout fut découvert!... Non. La voix de l'amitié parle impérieusement. Je vais trouver ton père ; il n'a pris aucun engagement pour Ernestine. Aujourd'hui, demain, au plus tard, je veux qu'elle soit ma fiancée.

EUGÈNE.

As-tu pensé...?

GRIMALDI.

A tout. (*à demi-voix, mais avec fermeté.*) Si tu avais

.montré plus d'énergie dans la forêt, nous aurions intimidé Michelin , et le crime que tu déplores ne serait pas devenu nécessaire. Permets du moins que je sauve malgré toi, ton honneur, et celui de ta famille. (*Il entre à gauche dans un appartement.*)

SCÈNE IV.

EUGÈNE , seul.

Il a raison... ma fatale condescendance a compromis une famille respectable. Conséquence funeste d'un caractère faible et irrésolu !... Subjugué par l'ascendant de cet homme, qui se dit mon ami , j'ai agi comme si j'adoptais ses principes.... Tout en le blâmant, il m'a conduit d'erreurs en erreurs, jusqu'au dernier des crimes !... Vainement je cherche à me justifier, en me disant que je n'ai point participé à son exécution ; la voix terrible de la conscience me reproche de l'avoir suivi ; il n'eût pas ôsé, seul, commettre cette action criminelle ; j'en suis donc le complice ; la sévère équité veut donc que j'en porte la peine !... Voici ma sœur !... quelle entrevue !... Qu'il est affreux d'être méprisé de sa première amie !... de celle à qui je devais par mon âge, l'exemple des vertus ! Eugène, ton châtiment commence !

SCENE V.

EUGÈNE , ERNESTINE.

ERNESTINE, *s'avance lentement Elle est absorbée dans sa douleur, et marche au hasard. Arrivée près d'Eugène, elle lève la tête, et s'éloigne avec horreur.*

C'est vous !... vous, grand Dieu ! (*Elle se cache la figure.*)

EUGÈNE.

Malheureuse Ernestine !

ERNESTINE.

Bien malheureuse , en effet.

EUGÈNE.

Dis-moi donc quelle fatalité t'a conduite à la chapelle.

ERNESTINE.

Ah ! je voudrais , au prix de tout mon sang....

EUGÈNE.

Sais-tu quelles vont être les suites de cette démarche imprudente ?

ERNESTINE.

Ce souvenir empoisonnera le reste de ma vie.

EUGÈNE.

Ce ne sera pas là ton unique chagrin.

ERNESTINE.

Quel autre plus cruel ?...

EUGÈNE.

Grimaldi, à qui je n'ai pu refuser de nommer le témoin invisible que j'ai préservé de sa fureur...

ERNESTINE.

Eh bien ?

EUGÈNE.

Redoutant ton indiscrétion...

ERNESTINE.

Mon intérêt ne suffit-il pas pour le rassurer ?

EUGÈNE.

Et voulant te mettre dans une position telle., que jamais tu ne puisses rompre le silence...

ERNESTINE.

Qu'a-t-il fait ?

EUGÈNE.

Il est allé demander ta main à mon père.

ERNESTINE , *avec l'accent de l'horreur , et d'un air égaré.*

Ma main !... juste ciel ! moi, la femme d'un assassin !... jamais !... jamais !

EUGÈNE.

Silence ! silence !

ERNESTINE.

Dieu ne permettra pas cette horrible union !

EUGÈNE.

Qu'opposeras-tu aux ordres de mon père ?

ERNESTINE, *de même.*

La vérité.

EUGÈNE.

La vérité !... y penses-tu, Ernestine ? Tu ne peux parler sans me perdre... mon sort est maintenant lié à celui de Grimaldi ; nous sommes inséparables.

ERNESTINE, *de même.*

(*A part.*) Et Armand ! et ma fille ! (*Haut.*) Je parlerai pourtant... Oui, mon père saura tout. Dût sa malédiction s'appesantir sur moi, je lui découvrirai cet affreux mystère ! Je cours...

EUGÈNE.

Arrête !... qu'est devenue cette tendresse...

ERNESTINE.

Je ne te la dois pas seul.

EUGÈNE.

Naguère encore, tu la regardais comme un devoir.

ERNESTINE.

J'en ai d'autres à remplir.

EUGÈNE.

Ai-je donc perdu tous mes droits sur ton cœur ?

ERNESTINE.

J'en connais de plus sacrés.

EUGÈNE, *d'une voix pénétrée.*

Ernestine, prends pitié de ma douleur !... Veux-tu, par trop de précipitation, réduire au désespoir le compagnon, l'ami de ton enfance ? Ne suis-je plus ton frère ?

ERNESTINE *le regarde, revient à elle, s'attendrit.*

Ah ! pardonne, mon ami !... je le sens, la douleur m'é-

La Chapelle.   E gare. Qui, mieux que moi, connaît ton innocence ? n'ai-je pas été témoin de cette épouvantable catastrophe ?... Ne sais-je pas, mieux que personne, que tu n'y as point participé ? (*Ils s'élancent dans les bras l'un de l'autre.*) Mais, à mon tour, cher Eugène, je t'implore. Par grâce, ne permets pas cet affreux mariage ! Tu ne sais pas... non... tu dois ignorer encore les motifs de ma résistance. Qu'il te suffise de savoir qu'il me serait plus facile de mourir que de contracter cette union, quand même Grimaldi ne serait pas souillé d'un meurtre.

EUGÈNE.

Explique-toi mieux.

ERNESTINE.

Mon père s'approche avec ce misérable : laisse-moi m'éloigner.

EUGÈNE.

Non, demeure. Séchons nos larmes, et affectons, s'il se peut, une sérénité que nous avons à jamais perdue.

<hr>

SCÈNE VI.

GRIMALDI , BONNEVAL , ERNESTINE , EUGÈNE.

ERNESTINE , allant embrasser Bonneval.

Bon jour, mon père.

BONNEVAL.

Ernestine, ta soumission ne s'est jamais démentie. Tout ce que le respect filial impose de soins et de devoirs, tu l'as scrupuleusement observé...

ERNESTINE , à part.

S'il savait...

BONNEVAL.

Mais si je suis fier de ta bonne conduite, tu en trouves la récompense dans le suffrage de ton père et dans l'estime publique. Toutefois il en est une autre que tu dois ambitionner. Pour prix d'une jeunesse constamment pure, exemplaire, les respects, la considération t'attendent. Tu vas devenir l'ornement d'une famille illustre.

ERNESTINE, *à part.*

Que va-t-il m'annoncer ?

BONNEVAL.

Grimaldi est depuis plusieurs années l'intime ami de ton frère, et nous devons croire qu'il s'est montré tel qu'il est réellement.

ERNESTINE, *à part.*

Le fourbe !

BONNEVAL.

Maître de ses actions, unique héritier d'une maison distinguée, et comme tel, appelé à jouir d'une brillante fortune, il vient de me demander ta main.

ERNESTINE, *à part.*

Quelle audace !

BONNEVAL.

Ton cœur est libre ; du moins je le crois, et ta conduite me l'assure. J'ai donc accueilli sa demande, et tu ratifieras, je n'en doute pas, le consentement que ma tendresse a dû lui accorder.

GRIMALDI, *à part.*

Elle ne répond pas !

BONNEVAL.

Il desire que vos fiançailles soient célébrées demain. Je conçois son impatience, et je lui ai donné ma parole.

ERNESTINE, *très-émue.*

Votre parole, mon père ! (*à part.*) C'en est trop ; je vais tout avouer.

GRIMALDI, *à part.*

Comme elle est agitée !

EUGÈNE, *de même.*

Je t'en supplie, ma sœur, tâche de te contenir : il est capable de tout.

BONNEVAL , à part.

Ernestine paraît bien émue.... Ah! c'est tout naturel !....
Je vais m'éloigner. En pareil cas., la présence d'un père
est quelquefois embarrassante. Celle d'Eugène, au contraire, la mettra à même de s'expliquer sans contrainte.

GRIMALDI , à part.

Elle me fait trembler! Si elle avait le courage de parler
maintenant, nous serions perdus !

BONNEVAL.

J'ai quelques ordres à donner. Vous savez que nous rece-
vons aujourd'hui les habitans de cette terre. Je vous laisse.
Au revoir, mes enfans, car, dès ce moment, vous m'êtes
également chers ; je ne fais plus , entre vous, aucune
différence.

(Il sort.)

<div style="text-align:center">~~~~~~</div>

SCENE VII.

GRIMALDI , ERNESTINE , EUGÈNE.

(Moment de silence.)

ERNESTINE, à Grimaldi, avec noblesse.

Sans doute vous n'avez pas pensé, Monsieur, que,
victime soumise, je me prêterais complaisamment à un
mariage dont le but est de me rendre, en quelque sorte,
complice d'un crime, que le hazard m'a fait connaître.
Sans respect pour l'homme intègre et trop confiant, qui,
depuis cinq ans, vous reçoit chez lui comme un second
fils, si vous avez conçu cet horrible dessein, renoncez-y,
Monsieur. Je vous déclare que je ne vous aiderai point à
l'exécuter.

GRIMALDI.

Pourquoi donc ne vous êtes-vous pas ainsi prononcée devant votre père ?

ERNESTINE.

Je n'ai pas voulu, Monsieur, prolonger une situation pénible; certaine, comme je le suis, qu'après m'avoir entendue, vous n'insisterez pas, et renoncerez vous-même......

GRIMALDI.

Vous êtes dans l'erreur. Des circonstances malheureuses, indépendantes de notre volonté, ont amené la mort de M. Michelin. Pour que ce fatal secret, connu seulement de vous, d'Eugène et de moi, demeure à jamais enseveli, il faut que vous ayez le même intérêt que nous à le garder. L'alliance que je sollicite, est l'unique garantie que nous puissions avoir de votre discrétion ; elle est indispensable, elle aura lieu.

ERNESTINE.

Jamais, Monsieur.

GRIMALDI.

Toute résistance est vaine, toute réflexion inutile.........
Vous ne parviendrez point à déranger mon plan.

ERNESTINE.

Je le répète, Monsieur; vous avez tort d'insister sur cette demande révoltante ; vous ne réussirez pas.

GRIMALDI.

Je réussirai, Mademoiselle ; je n'y vois nul obstacle.

ERNESTINE.

Vous n'avez pas tout prévu.... Il en est un insurmontable.

GRIMALDI.

Et lequel, je vous prie ?

ERNESTINE.

Je suis mariée.

GRIMALDI.

Mariée ?

ERNESTINE.

Sachez tout, Monsieur; je suis mère, et mon enfant existe.

GRIMALDI.

Où est-il ?

ERNESTINE.

Ici.

GRIMALDI.

Quoi ! serait-ce ?....

ERNESTINE.

Virginie. L'importance d'un tel aveu doit assez vous dire ce qu'il me coûte..... Oui, Monsieur, je fus mariée il y a bientôt six ans.

EUGÈNE, *à Grimaldi.*

Pendant notre séjour à Rome.

ERNESTINE, *bas à Eugène.*

Oui, du consentement de ma mère, et en sa présence; j'en ai la preuve.

GRIMALDI.

Mariée ! .... Avec qui ?

ERNESTINE.

C'est le secret d'un autre ; permettez que je le garde.

EUGÈNE.

Ernestine, vous n'avez donc pas jugé votre frère digne de recevoir cette confidence ?

ERNESTINE.

Ah ! il ne fallait rien moins que l'épouvantable situation dans laquelle je me trouve, pour me l'arracher.

GRIMALDI.

Eugène, j'épousais ta sœur pour qu'elle ne trahît point notre secret; nous avons le sien maintenant; si Madame parle, nous parlerons.

ERNESTINE.

Ah ! Monsieur... Cher Eugène ! .... Gardez-vous....

GRIMALDI.

Je connais comme vous l'inflexible sévérité de M. Bonneval, et je sais tout ce que vous avez à redouter. Un
mariage secret, l'existence d'un enfant introduit, élevé
dans sa maison, sont des fautes qu'il ne pardonnerait
jamais.....

EUGÈNE.

En effet.

GRIMALDI.

Et qui attireraient infaillement sur vous sa malédiction;
vous seriez à jamais perdue, déshonorée! .... Soyez dis-
crète, nous ne vous trahirons pas.

ERNESTINE.

Oh ! je le jure !

GRIMALDI.

Cela ne suffit pas. On peut vous placer dans une position
telle, que vous vous croyiez dégagée de votre promesse
et contrainte à parler. Il nous faut une garantie.

ERNESTINE, *tremblante.*

Laquelle ?

GRIMALDI.

La plus précieuse qu'une mère puisse offrir.

ERNESTINE.

Ma fille ! .... Plutôt la mort !

GRIMALDI.

J'exige qu'elle soit remise en notre pouvoir.

ERNESTINE.

Quel est votre dessein? De me l'enlever ! (*Elle se jette
aux genoux de Grimaldi*). Grâce ! grâce ! Pour moi !
pour cet enfant infortuné !

EUGÈNE.

Ne crains rien, ma sœur! Virginie est ma nièce, et
je ne souffrirai pas.....

GRIMALDI.

Moi, je ne promets rien.

EUGÈNE.

Que voulez-vous dire ?

ERNESTINE, *au désespoir.*

Mon frère !..... Il l'assassinera (*Eugène s'efforce de la calmer*).

SCENE VIII.

GRIMALDI, VIRGINIE, ERNESTINE, EUGÈNE.

VIRGINIE, *accourt.*

Ma petite maman !..... ma petite maman!.....

ERNESTINE, *hors d'elle, poussant un cri d'effroi, et tirant brusquement sa fille pour l'éloigner de Grimaldi.*

N'approche pas.

EUGÈNE , *retenant sa sœur.*

Imprudente !

VIRGINIE *continue.* **Elle est placée entre sa mère et Eugène.**

Il y a là un officier qui demande ton papa.

ERNESTINE, *à part.*

Armand ! O ciel !

GRIMALDI, *à demi-voix, avec un accent sinistre.*

Ecoutez, Ernestine, je prétends vous sauver tous malgré vous, et voici ma dernière résolution. Ecoutez-la bien ; elle est immuable. Demeurez fidèle à votre parole, il ne sera rien fait ni à vous ni à votre fille ; mais s'il vous échappe la plus légère imprudence, si vous essayez la moindre tentative pour éloigner Virginie de cette maison et me la soustraire, malheur à toutes deux ! Vous n'échapperez point à mon œil vigilant. (*Il montre un stilet.*) Ce fer l'étendra morte à vos pieds.

EUGÈNE.

Vous ôseriez ?...

GRIMALDI.

On vient!... Sortons, Eugène.

EUGÈNE.

Ne crains rien, ma sœur... je ne le quitterai pas, et je te réponds de Virginie.

(*Ils sortent par la gauche.*)

~~~~~~

SCENE XI.

ARMAND, ERNESTINE, VIRGINIE, puis BONNEVAL.

ERNESTINE, *éperdue et tremblante, allant à la rencontre d'Armand, qui vient par le jardin à gauche.*

Ah ! mon ami ! dans quel moment !

BONNEVAL, *venant également du jardin à droite.*

Eh ! c'est vous, M. Armand !... Je suis ravi de vous voir. Depuis quand de retour ?

ARMAND.

D'hier soir, Monsieur.

BONNEVAL.

Recevez mon compliment. Vous avez obtenu, je le vois, des distinctions honorables, et je vous en félicite avec d'autant plus de sincérité ; que vous ne les devez, j'en suis certain, qu'à des services réels, et à une conduite irréprochable. Votre oncle a dû être enchanté.

ARMAND.

Je ne l'ai pas encore vu.

BONNEVAL.

Ah ! vous n'êtes pas descendu chez lui ?

ARMAND.

Pardon ! il venait, m'a-t-on dit, de partir pour Chambéry. Sans doute on s'est trompé, car je ne l'ai pas rencontré sur la route. Monsieur, d'après les éloges que vous voulez bien me donner, puis-je me flatter de vous trouver accessible à la prière que je viens vous adresser ? Lorsque je partis, il y a près de six ans, je vous confiai mon amour

La Chapelle.   F
~~~~~~

pour l'aimable Ernestine, en vous priant de m'accorder sa main. La dépendance dans laquelle j'étais alors, me parut être l'unique motif de votre refus. « Cher Armand, me » dites-vous ; si vous étiez libre, quoique votre état ne soit » point encore fait, je ne balancerais pas un instant à vous » promettre la main de ma fille ; je ne connais personne » qui puisse, mieux que vous, la rendre heureuse ; mais » vous dépendez entièrement de votre oncle. Sans doute, » les fautes sont personnelles, et je suis trop juste pour » faire retomber sur vous les torts de M. Michelin. Je vous » aime assez pour oublier en votre faveur les griefs qui ont » désuni nos familles, et vous admettre dans la mienne, » mais je ne puis souffrir que votre existence, et par con- » séquent celle de ma fille, dépende d'un homme que je re- » garde avec raison comme mon ennemi. Ne trouvez donc » pas mauvais que je refuse jusqu'à nouvel ordre. »

BONNEVAL.

Il est vrai qu'alors je n'avais pas d'autre motif.

ARMAND.

Je reviens avec un grade acquis par mes services. Une existence heureuse, indépendante, m'est assurée par mon économie et les libéralités du Prince. L'absence et les dangers n'ont fait qu'ajouter encore à ma tendresse, et je viens de nouveau vous demander le seul bien qui manque main-tenant à mon bonheur.

BONNEVAL.

Vous auriez dû m'informer de vos succès.

ARMAND.

Je voulais, avant tout, réunir des titres suffisans.

BONNEVAL.

Je suis vraiment désesperé, bon Armand.... Vous ne sauriez concevoir l'étendue, la vivacité de mes regrets.

ARMAND.

Que voulez-vous dire ?

BONNEVAL.

Je viens d'engager ma parole.

ARMAND.

O ciel ! puis-je savoir à qui ?

BONNEVAL.

A un jeune Vénitien avec qui mon fils s'est lié d'une étroite amitié pendant son séjour en Italie. J'en suis d'autant plus affligé, que je lis dans les yeux d'Ernestine... Ne me dérobe pas tes larmes, ma fille. (*avec bonté.*) Je t'avais mis à même de me répondre ce matin ; pourquoi ne l'as-tu pas fait ?

ERNESTINE.

Je n'ai pas osé, mon père.

BONNEVAL.

Maintenant, puis-je provoquer la rupture d'un engagement contracté librement ? Mais il peut s'offrir telle circonstance imprévue qui l'amène naturellement, et soyez assuré, mon ami, que je ne la laisserai point échapper.

ERNESTINE.

Quoi ! mon père ? vous seriez assez bon ?

BONNEVAL.

Ne perdez donc pas tout espoir, et cessez de vous affliger. (*Il embrasse Ernestine.*) Allons, plus de chagrin, ma fille... le mal n'est peut-être pas sans remède.

SCENE X.

ARMAND, ERNESTINE, BONNEVAL, VIRGINIE, JACQUES.

JACQUES, *accourant.*

Not' maître ! not' maître ! les v'là, ces braves gens ; ils sont tous dans la cour... mais auparavant de commencer la danse, ils voudriont avoir l'honneur de vous saluer. Quoi qu' c'est qu'y faut que je leur dise ?... qu'ils viennent, n'est-ce pas ?

BONNEVAL.

Mais...

JACQUES.

Oh ! vous êtes si bon ! toujours le même ! (*Il court.*)

BONNEVAL , *remontant la scène jusqu'au jardin.*

Jacques !... Jacques !... il faudrait...

ARMAND , *bas et vivement à Ernestine.*

Ernestine, avouons tout à ton père.

ERNESTINE.

Dans quel moment, grand Dieu !... Silence, je t'en supplie !

ARMAND.

Que signifie ?...

ERNESTINE.

Un mystère affreux !

ARMAND.

Explique-toi.

ERNESTINE.

Je ne le puis.

ARMAND.

Tes sermens !...

ERNESTINE.

Je les tiendrai.

ARMAND.

Qu'as-tu fait du porte-feuille que j'ai prêté hier à Virginie ?

ERNESTINE.

Il est resté dans la chapelle.

ARMAND.

Quelle imprudence ! il renferme ton portrait, tes lettres, celles de ta mère.

ERNESTINE.

Je l'ignorais.

ARMAND.

Je cours le chercher.

BONNEVAL , *revenant et l'arrêtant.*

Quoi ! vous sortez, Armand ? je ne le souffrirai pas. Rentrez avec nous, mon ami ; puisque votre oncle est absent, vous ne sauriez être mieux que dans une famille qui vous a adopté depuis long-tems.

SCÈNE XI.

ARMAND, GRIMALDI, EUGÈNE, JACQUES, BONNE-VAL, ERNESTINE, VIRGINIE, Savoyards des deux sexes.

(Les Savoyards, conduits par Jacques, arrivent avec timidité, et viennent saluer M. Bonneval.)

BONNEVAL.

Pourquoi cet air embarrasssé, mes enfans? Est-ce que je ne vous reçois pas toujours avec plaisir?

JACQUES.

Oh! je ne disons pas ça, M. Bonneval.

BONNEVAL.

Eh bien! livrez-vous à votre gaîté ordinaire, je ne m'effraye pas du bruit.

JACQUES.

Ça va, not'maître... Houp! ça, les amis!

(Ballet extrémement vif et bruyant; il se termine par un pas que l'on fait danser à Jacques; il saute à perdre haleine; un porte-feuille sort de sa veste et tombe par terre.)

BONNEVAL.

Jacques, tu as laissé tomber quelque chose.

JACQUES.

C'est vrai, not'maître... C'est un' petit' machin' tout drôle... Regardez... ça a une petite serrure; mais je n'en ons pas la clef .. J'ons eu beau faire, je n'ons jamais pu l'ouvrir.

BONNEVAL.

C'est un porte-feuille.

ARMAND , *était occupé à caresser Virginie ; à ce mot de porte-feuille, il tourne la tête et dit vivement :*

Un porte - feuille! C'est le mien. (*Il se lève et veut le prendre.*)

JACQUES , *le retenant.*

Je l'ons trouvé hier soir dans la chapelle des bois , en revenant de conduire les amis... Y faisait clair de lune... j'ons vu quelque chose de brillant par terre, j' l'ons ramassé, et v'là... C'est-y ça, Monsieur ?

ARMAND.

Oui, c'est justement là que je l'ai perdu..

JACQUES.

Allons, j'sis ben aise que l'hazard m'y ait conduit pour le retrouver. (*Il lui rend le porte-feuille.*)

ARMAND. , *lui offrant de l'argent.*

Je te remercie, mon ami.

JACQUES.

Tiens ! y n' faut rien pour ça. Où c'qu'on trouve son bien, on l' prend... allons, vous autres, réparons le tems perdu.

(*Tous se mettent en devoir de recommencer la danse, Jacques interrompt le ballet pour faire regarder ce qui se passe en dehors à droite.*)

JACQUES.

Eh! ben ! eh ! ben ! quoiqu'ç'est donc qu'ça veut dire? j' voyons là bas un tas de monde... faut qu'ça soit quelque malheur ou ben queuque curiosité... v'là ma mère qui court à toutes jambes ... J'allons tout savoir.

SCENE XII.

Les Mêmes , MAGDELON.

MAGDELON , *essoufflée.*

Ah! sainte vierge !... est-il possible ?

BONNEVAL.

Qu'est-ce, Magdelon ?

MAGDELON.

Ça fait frémir.

ERNESTINE , *à part.*

Juste ciel ! le crime est découvert !

BONNEVAL.

Explique-toi.

MAGDELON.

Ah ! les coquins ! les scélérats..... on en fera justice,
j'espère.

BONNEVAL.

Justice, de quoi ? parle donc , ma bonne.

MAGDELON.

Imaginez-vous , Monsieur, que not' fils a tendu hier soir
ses filets dans l'Isère , à cinq cents pas au-dessous d' la
chapelle....

BONNEVAL.

Eh ! bien ?

MAGDELON.

Il est allé tout à l'heure pour les retirer.... mais quoiqu' c'est qu'il a trouvé ?... un homme mort !

TOUT LE MONDE.

O ciel !

BONNEVAL.

Jacques , cours avertir les archers de se rendre ici.

MAGDELON.

J'y vas , moi... il ne saurait pas leur expliquer...
(*Eugène fait un mouvement de terreur.*)

GRIMALDI , *à part à Eugène.*

De l'assurance !

EUGÈNE, *bas.*

Je n'y tiens plus. (*haut.*) J'y vais , mon père. (*Il sort.*)

GRIMALDI , *à part.*

Moi , je reste pour tout savoir, et contenir Ernestine.

SCÈNE XIII.

GRIMALDI , ARMAND , JACQUES , MAGDELON. BONNEVAL , ERNESTINE , VIRGINIE.

ARMAND.

Quel affreux événement !

MAGDELON , *à Jacques, qui réfléchit.*

Qu'est-ce que tu as donc, toi, à gesticuler ?

JACQUES.

Je songe à c' cavalier à cheval , qu'nous avons vu venir d' loin sur la route.... il a mis pied à terre , il a attaché sa bête à un arbre , puis il s'est enfoncé dans l' bois.

ARMAND.

Ce cavalier , c'était moi. Lorsque j'habitais le pays , je ne passais jamais devant la chapelle sans m'y arrêter. Jugez si après une absence de six ans , j'ai dû me dispenser de ce devoir religieux.

SCENE XIV.

GRIMALDI , ARMAND , JÉROME , BONNEVAL , ERNESTINE , VIRGINIE , MAGDELON , JACQUES.

JACQUES.

Ah! voici mon cousin Jérôme.

JÉRÔME , *le poussant.*

Eh! laisse-moi donc , je m'annoncerai ben tout seul... Pardon , excuse, M. Bonneval et la compagnie , si je me présente dans ce costume misérable ; mais , voyez-vous , c'est mon empressement qui en est la cause. J'avais hâte de vous dire tout ce que j'ai découvert. Peut-être vous savez déjà que le hasard m'ayant conduit sur le bord de l'Isère, au moment où c' que l' cousin il est venu lever ses filets, je l'ai aidé à retirer de la rivière le corps de ce pauvre M. Michelin.

BONNEVAL, *avec effroi.*

Michelin, dis-tu?

ARMAND.

Mon oncle, ô ciel!

BONNEVAL.

Ne te trompes-tu pas?

JÉRÔME.

Oh! que nenni dà! je ne me trompe point.

ARMAND.

Dis-moi, mon ami, le connaissais-tu bien, M. Michelin?

JÉRÔME.

Ah! par exemple, qui est-ce qui ne le connaissait pas? Ça n'est malheureusement que trop vrai.

ARMAND.

Je cours...

BONNEVAL.

Arrêtez, Armand, il faut tout savoir.

JÉRÔME.

Comme de raison, il s'est bien vite rassemblé là beaucoup d' monde autour de nous ; des voyageurs , des curieux , des laboureurs, et cætera. Pendant que chacun il raisonnait à sa mode sur cet accident, il m'est venu dans l'idée de cotoyer l'Isère, pour tâcher de découvrir l'endroit où c' que le corps il a été jeté dedans. C'était la providence qui m'avait inspiré. Je n'avais pas fait cent cinquante pas , quand j'ai remarqué beaucoup d' sang répandu sur la berge , là, au bord de l'eau. J'en ai suivi les traces ; elles m'ont conduit à travers la forêt, droit à la chapelle.

GRIMALDI, *comme frappé d'un trait de lumière, jette à dessein un regard accusateur sur Armand, s'éloigne de lui, et se place en arrière.*

La Chapelle.

G

TOUS.

A la chapelle !

(*Ce mouvement donne l'éveil , et tout le monde semble désigner Armand.*)

JÉRÔME.

Eh ! oui , à la chapelle , précisément à l'entrée. Du moins il n'est pas douteux, par la quantité de sang répandu à c'te place , que le malheureux n'y soit resté quelque tems. J'ons eu beau regarder aux environs, j' n'ons rien vu ; d'où je conclus que c'est là qu'il a dû périr.

BONNEVAL.

Je vais envoyer à la poursuite des meurtriers , et sans doute on les atteindra.

JACQUES , *à Magdelon.*

Dites donc, ma mère , savez-vous que çà n'est pas clair du tout : c' cavalier qui quitte son cheval , c' porte-feuille qui s' trouve tout à point dans la chapelle....

BONNEVAL.

Jacques , ne vous permettez jamais de pareilles conjectures. C'est ainsi que la crédulité accueille et propage trop souvent des bruits absurdes. Monsieur Armand, pour leur prouver que ce porte-feuille n'a aucun rapport à l'événement que nous déplorons , veuillez me le confier. (*aux paysans.*) Vous me croirez , j'espère.

ERNESTINE , *à part.*

Je suis perdue ! mon père va tout savoir.

ARMAND.

Pardon , Monsieur Bonneval , je ne puis vous satisfaire.

BONNEVAL.

Pour quelle raison?

ARMAND.

Ce porte-feuille renferme des secrets importans confiés à ma loyauté.

BONNEVAL.

Ce n'est pas pour moi que je vous fais cette prière : à

Dieu ne plaise que je préjuge rien qui nous soit defavorable. C'est pour ceux qui m'entourent.

ARMAND.

Je persiste à regret, mais ce que vous me demandez est impossible.

BONNEVAL, *à demi-voix.*

Songez y, Monsieur Armand, vous me placez dans une situation bien critique. Vous avez dû remarquer le mouvement spontané qui s'est manifesté pendant le récit de cet homme : plusieurs fois les regards se sont dirigés vers vous, et vous ont accusé.

ARMAND.

J'en conviens : des circonstances extraordinaires se réunissent pour appeler sur moi le soupçon. Je ne puis ni m'en offenser, ni en concevoir la moindre alarme ; au contraire, je desire que vous exerciez envers moi votre ministère dans toute sa rigueur. Dès ce moment je me constitue votre prisonnier, jusqu'à ce que vous ayez découvert les assassins de mon oncle.

BONNEVAL.

Quoi ! vous voulez...

ARMAND.

Oui, Monsieur. De qui doit-on attendre le premier exemple d'une aveugle soumission aux lois, si ce n'est d'un militaire chargé par état de maintenir l'ordre et de protéger les citoyens ?

(*Il remet son épée au brigadier qui entre avec sa troupe.*)

BONNEVAL.

Jérôme, êtes-vous prêt à affirmer ce que vous venez de nous dire ?

JÉRÔME.

Eh ! pourquoi donc pas ?.. Si je l'affirmerai ?... Certainement je l'affirme, à haute et intelligible voix encore.

(*Il lève le bras droit, de manière que sa main est placée sous les yeux d'Armand.*)

ARMAND.

Que vois-je ? la bague de mon oncle !

JÉRÔME.

La bague de votre oncle !.. Badinez-vous ?.. Il est fort celui-là !

ARMAND.

Je le répète et l'affirme à mon tour : cette bague est celle de mon oncle. Je ne puis la méconnaître, elle vient de ma mère.

GRIMALDI , *à part.*

Bien !

BONNEVAL.

Quelle étrange complication ! Cette affaire veut être instruite régulièrement ; mon devoir m'y oblige.

JÉRÔME.

Eh ! non, Monsieur Bonneval, il n'est pas nécessaire... A quoi bon tant d'cérémonies ? J'vas vous dire tout de suite comment il s'fait que...

BONNEVAL.

Je ne puis plus rien entendre ici ; c'est publiquement, et devant la justice que vous ferez valoir vos moyens de défense.

ERNESTINE , *à part.*

Mon époux traité comme un criminel, quand d'un mot... (*haut.*) Non, je ne le souffrirai pas.

(*Grimaldi s'approche vivement d'Ernestine. De la main droite il lui serre le bras, et de l'autre il la sépare de Virginie avec un geste menaçant.*)

Ah ! mon père, craignez de laisser échapper le vrai coupable.

GRIMALDI, *bas à Ernestine.*

Et vous, craignez pour votre fille.

ERNESTINE.

Grand Dieu! prenez pitié de moi.   (*Elle s'évanouit.*)

BONNEVAL.

Ma fille !

ARMAND.

Remettez-vous, Mademoiselle, la vérité se découvrira.

JÉRÔME.

Il faudra bien qu'elle s' découvre.

(Bonneval , Magdelon et Jacquès s'empressent autour d'Ernestine.)

ARMAND.

Certes , je donne en cette occasion la preuve de mon respect pour l'autorité ; mais , croyez-moi , ce n'est point sous cet habit qu'il vous faut chercher le coupable. En recevant cette marque distinctive , les officiers français contractent l'engagement sacré de ne souiller leur vie d'aucune tache , et je réponds sur ma tête qu'il n'en est pas un seul capable de l'oublier.

(Armand sort noblement en portant ses regards sur Ernestine. Jérôme le suit fièrement.)

Fin du second Acte.

ACTE III.

Le Théâtre représente une vieille salle destinée aux audiences ; on y descend par un escalier qui est dans le fond, en face. Tout autour règne une espèce de tribune pour le peuple.

SCÈNE PREMIÈRE.

EUGÈNE, seul.

(*Il arrive lentement ; il a l'air sinistre.*)

Oui, j'ai dû me punir. J'échapperai à la publique infamie ; je descendrai au cercueil sans déshonorer mon père. Sans doute nul n'a le droit de disposer de sa vie lorsqu'elle peut être utile, ou lorsque, par de grandes souffrances, il peut offrir l'exemple d'un grand courage... Mais quand il est impossible de demeurer sur la terre sans être pour la société un objet de scandale et d'horreur, sans devenir pour les siens, le funeste artisan de maux irréparables; alors c'est presque un devoir d'en sortir... et ce devoir, je l'aurai bientôt accompli. Avant de mourir, je ferai connaître l'affreuse vérité. Ce secret restera du moins enseveli dans le sein de ma famille Mon père n'apprendra pas sans quelqu'attendrissement peut-être, que son fils, inflexible pour lui-même, et ne pouvant se pardonner un crime, qu'avec un peu d'énergie il aurait empêché, a satisfait tout-à-la-fois aux lois sévères de la morale et de la justice, sans compromettre l'honneur des siens... Ah ! si je pouvais me persuader que ma mort dût arracher quelques victimes à l'influence redoutable de ces dangereuses sociétés, cette idée consolante en adoucirait l'amertume ; elle me ferait supporter avec plus de résignation l'affreux moment qui va me séparer de tous les objets qui me sont chers.

(Il tombe dans un fauteuil.)

SCÈNE III.

GRIMALDI, EUGÈNE.

(Grimaldi descend précipitamment, et paraît surpris de voir Eugène.)

GRIMALDI.

Je te trouve donc enfin. Malheureux ! que viens-tu faire ici ?

EUGÈNE ; *il a dans toute cette scène un accent solennel.*

Me délivrer d'un poids insupportable. *(à part.)* Cachons-lui mon dessein.

GRIMALDI.

Quoi ! tu veux...

EUGÈNE.

Epargner à la justice le soin de chercher les criminels.

GRIMALDI.

Insensé ! quelle fureur t'égare ? Quoi ! lorsque tout concourt à rassurer notre conscience...

EUGÈNE.

C'est toi, Grimaldi, qui parles de conscience !

GRIMALDI.

Le seul témoin qui pouvait nous accuser, n'existe plus.

EUGÈNE, *effrayé.*

O ciel ! que veux-tu dire ?.. Aurais-tu ..

GRIMALDI.

Je viens de déchirer, après l'avoir acquitté, le billet de

vingt mille francs que tu as souscrit l'avant-dernière nuit à Chambéry.

EUGÈNE.

Acquitté!.. Avec quel argent, grand Dieu !

GRIMALDI.

Ainsi nous n'avons plus rien à craindre, puisque notre bonne étoile a voulu que les soupçons tombassent sur deux hommes...

EUGÈNE.

Innocens !

GRIMALDI.

Probablement la justice, trompée par les apparences...

EUGÈNE.

N'achève pas !

GRIMALDI.

Va donc t'offrir à leur place, cours t'accuser et me dénoncer à ton père ; livre aux tribunaux un ami que ton intérêt a si étrangement compromis et paie, par l'échafaud, les services que je t'ai rendus.

EUGÈNE.

L'échafaud !

GRIMALDI.

Nous y montons, si tu dis un mot. Ce n'est pas la mort qui m'effraie, mais la honte qui s'attacherait à notre souvenir. Veux-tu flétrir la vieillesse de ton père, imprimer sur son front le sceau de l'infamie, et le précipiter au tombeau ? Veux-tu condamner ta sœur à vivre dans le désespoir, et déshonorer ta famille à la face de l'univers ?

EUGÈNE, avec force.

Oh ! non, je ne le veux pas.(à part.) J'en donnerai bientôt la preuve.

GRIMALDI.

Armand n'avait qu'un oncle , il est mort ; par conséquent il ne lui reste point de famille.

EUGÈNE.

Point de famille , dis-tu ! La société tout entière n'est-elle donc pas une même famille ? n'a-t-elle pas le droit de demander à chacun de ceux qui la composent , le compte rigoureux de toutes ses actions ?

GRIMALDI.

Quant à Jérôme , nous ferons du bien à ses enfans.

EUGÈNE.

Que je laisse périr des innocens à ma place !.. Jamais.

GRIMALDI.

Ce n'est pas non plus mon intention.

EUGÈNE.

Sois tranquille ; je me charge de les sauver.

GRIMALDI.

Oui , nous les sauverons... s'ils sont condamnés!.. On vient C'est ton père.

SCENE III.

GRIMALDI , BONNEVAL , EUGÈNE.

BONNEVAL.

Grimaldi , laissez-moi seul un moment avec mon fils.

GRIMALDI , à part.

Pourquoi ce mystère ?

EUGÈNE , à part.

Soupçonnerait-il l'affreuse vérité ?

BONNEVAL.

Vous ne tarderez point à revenir. Je veux que vous soyez présent aux débats ; ils pourront vous offrir plus d'une leçon profitable. Il serait à desirer que la jeunesse en fût souvent témoin : les impressions que lui laisserait ce souvenir imposant, l'arrêteraient peut-être au bord du précipice.

GRIMALDI , *à part.*

Je vais chercher Virginie, et je ne la quitterai plus.

(*Il sort.*)

SCÈNE IV.

EUGÈNE , BONNEVAL.

EUGÈNE , *à part.*

Malheureux père ! il est loin de penser que cet entretien doit être le dernier... Mon courage m'abandonne !.. Je ne pourrai jamais lui faire cet aveu déchirant.

BONNEVAL.

Approche, mon fils , et ne crains pas de me laisser voir une sensibilité qui t'honore. Le funeste événement qui a répandu la consternation dans cette ville, ne pouvait manquer d'exciter ta douleur, ton indignation.

EUGÈNE.

Mon père...

BONNEVAL.

Je connais tes sentimens , et me plais à te rendre justice. Eugène, tu es l'espoir de ma vieillesse ; les principes de morale que j'ai semés dans ton ame ; m'assurent que jamais je n'aurai à rougir de mon fils.

EUGÈNE , *à part.*

O Dieu ! que ses éloges me font mal !

BONNEVAL.

L'honorable emploi que j'exerce , doit être un jour rempli par toi.

EUGÈNE , *tremblant.*

Qui ? moi ! Je prononcerais sur le sort des criminels !

BONNEVAL.

Sans doute.

EUGÈNE , *à part.*

Hélas!

BONNEVAL.

Le souverain dont j'ai tant de fois éprouvé la bonté , a daigné mettre le comble à ses faveurs , en m'accordant celle de t'associer à mes fonctions , de te léguer comme une partie de mon héritage , une place que mon père occupa trente ans avec honneur , et dans laquelle je me suis fait un devoir de l'imiter.

EUGÈNE.

Eh ! qui sait mieux que moi , avec quelle impartiale équité , quelle probité sévère , vous exercez ce pénible emploi ?

BONNEVAL.

L'homme choisi pour être l'organe des lois , doit être pur comme elles. Jusqu'à présent je ne t'avais point parlé de cette nouvelle faveur du prince ; l'occasion ne s'en était pas offerte. Grâce à la simplicité de nos mœurs , au peu de luxe qui règne dans ces contrées , les crimes y sont rares , et depuis long-tems nous n'en avons pas eu à punir. L'assassinat de M. Michelin réclame toute mon attention. L'intérêt de la société veut que je ne néglige rien pour connaître et punir les auteurs de ce meurtre. Aussi , pour la première fois , je t'associe à mon auguste et douloureux ministère.

EUGÈNE , *à part.*

Quelle épreuve ! ô ciel , (*haut.*) Quoi , mon père , vous exigez...

BONNEVAL.

Placé près de moi , tu inscriras les réponses des accusés. Si quelque chose m'échappe , ton attention y suppléera.

EUGÈNE.

Vous ne savez pas combien est pénible la tâche que vous m'imposez.

BONNEVAL.

Je le conçois. Ce n'est pas seulement l'humanité qui m'ordonne de laisser à la défense des accusés la plus grande latitude, mais la position dans laquelle je me trouve. Tout le monde ici connaît la mésintelligence qui régnait entre M. Michelin et moi. Je dois donc craindre en me montrant ou trop sévère ou trop indulgent, que l'on ne m'accuse de prévention. Je ne sais , mais mon ame se refuse à croire Armand coupable d'un tel crime.

EUGÈNE , *vivement.*

Je pense comme vous , mon père.

BONNEVAL.

C'est bien , Eugène. Quels que soient les soupçons qui planent sur la tête d'un prévenu , jusqu'à ce que les preuves les plus claires aient attesté son crime , on doit l'encourager, le plaindre, et ne voir en lui qu'un innocent.

EUGÈNE , *de même.*

Oh ! oui , mon père , nous devons voir un innocent dans Armand , dans Jérôme.

BONNEVAL.

Mon fils , comme toi je me plais à croire qu'Armand sortira victorieux de l'accusation dirigée contre lui. Mais, il est jeune encore..... A cet âge que les passions rendent si redoutable , il est difficile de se garantir de leurs excès. Le désir de briller, la soif de l'or, et le jeu surtout, n'applanissent que trop souvent le chemin du crime. Tu ne sais pas, cher Eugène, tu ne sauras jamais sans doute, combien ce funeste penchant a fait de coupables !

EUGÈNE , *à part.*

Plût au ciel !.... Je n'ai pas la force de le désabuser.

BONNEVAL.

J'entends du bruit.... On vient.... L'instruction va commencer. Plaçons-nous, mon fils; du calme, de la fermeté surtout.

EUGÈNE , *à part.*

Ah ! jamais je n'en eus autant besoin. (*Haut.*) Par grâce, mon père, veuillez me dispenser....

BONNEVAL.

Le motif qui m'a décidé n'admet point d'observation.

SCENE V.

ARMAND, BONNEVAL, EUGÈNE, GRIMALDI, VIRGINIE, MAGDELON, Peuple, Archers.

BONNEVAL , *à Armand.*

Asseyez-vous. (*Il lui montre un siége à gauche. Eugène s'assied à côté de la table. Bonneval est assis en face du public. Le peuple garnit l'escalier et les tribunes.*)

GRIMALDI , *à part.*

Eugène assis auprès de son père ! par quel hazard ?

BONNEVAL.

M. Armand, je ne rappellerai pas ici les circonstances qui ont fait connaître la mort de votre oncle , et qui m'ont imposé la douloureuse obligation d'instruire publiquement cette affaire , pour la soumettre ensuite au jugement de la cour souveraine ; elles sont connues de tout le monde.... Malheureusement, presque toutes semblent vous accuser, et font peser sur vous cette présomption terrible, que vous n'êtes point étranger à l'assassinat de M. Michelin. (*Bas à Eugène qui frissonne, en détournant la vue.*) Tu frémis , Eugène ! Efforce-toi donc de modérer ta sensibilité.

ARMAND.

Ma justification ne sera pas difficile.

BONNEVAL.

Je le désire. Dans un moment où vous ne pouviez prévoir les conséquences d'un pareil aveu, vous êtes convenu d'avoir attaché votre cheval à un arbre, pour vous rendre à la Chapelle-des-Bois.

ARMAND.

Oui, Monsieur.

BONNEVAL.

Quel motif vous attirait à cette chapelle ?

ARMAND.

Un devoir sacré.

BONNEVAL.

Quel était ce devoir ?

ARMAND.

C'est un secret qui ne m'appartient pas.

BONNEVAL.

La justice a le droit de tout savoir.

ARMAND.

Excepté ce que l'honneur et la foi du serment défendent de lui révéler.

BONNEVAL.

Ces réticences ne peuvent que fortifier les soupçons qui s'élèvent contre vous. Des renseignemens, qui me sont parvenus à l'instant, m'apprennent que le voyage de votre oncle, à Chambéry, avait pour objet le paiement d'une acquisition pour laquelle il avait réuni tous les effets négociables en circulation sur la place. Son porte-feuille devait en être rempli. Par une fatalité difficile à expliquer, vous perdez le vôtre précisément dans l'endroit où la victime a péri, et vous le saisissez, aussitôt qu'il s'offre à votre vue avec un empressement, une espèce de terreur qui n'a pu échapper, même aux regards les plus indifférens. Le refus que je vous fis de la main de ma fille, refus que vous attribuâtes, avec raison, aux torts graves que j'avais à reprocher à M. Michelin, occasionna entre vous et lui de violentes querelles, qui rendirent enfin votre éloignement indispensable. Au bout de six ans, vous revenez, et votre

oncle périt le même jour, à la même heure, dans le lieu
même où vous vous êtes arrêté.

ARMAND.

Ce rapprochement est cruel, Monsieur, et je sens quelles
inductions l'esprit le moins prévenu peut en tirer; il prouve
que les apparences les plus fortes peuvent s'accumuler sur
la tête d'un innocent; il atteste ce que présente de redoutable, le ministère des hommes chargés de défendre la
société, et de poursuivre la punition des crimes. Ah! s'il
était possible qu'un juge fût en ce moment à ma place, il
frémirait sans doute, et renoncerait, pour toujours, à
l'effrayante responsabilité qui pèse sur lui.

BONNEVAL.

Mais enfin, ce porte-feuille ?.....

ARMAND.

Est le mien, Monsieur. Je vous l'ai dit; il renferme
des secrets qu'il m'est impossible de vous confier.

BONNEVAL.

Cependant, je dois en exiger le dépôt; la résistance
serait inutile et fâcheuse pour vous.

ARMAND.

Le voilà, Monsieur. Les archers, qui ne m'ont pas quitté,
savent que je n'en ai rien soustrait; mais je vous supplie,
au nom de l'honneur, au nom de tout ce qui vous est
cher, de ne point l'ouvrir, à moins qu'une indispensable
nécessité ne vous y force.

BONNEVAL.

Je ne sais si je dois....

ARMAND, *noblement*.

Si cette faveur devait vous compromettre, Monsieur,
je ne la solliciterais pas.

BONNEVAL.

Je vous l'accorde. (*Armand se lève, et va poser le
porte-feuille sur la table.*)

VIRGINIE, *sur les genoux de Salvator.*

Tiens! c'est le joujou que j'avais hier soir dans la chapelle!

BONNEVAL.

Que dis-tu?

ARMAND, *à part.*

Quelle imprudence!

EUGÈNE, *à part.*

Tout va se découvrir!

GRIMALDI, *à part.*

Je n'avais pas prévu....

BONNEVAL.

Approche, mon enfant. (*Virginie saute à terre, et court auprès de M. de Bonneval.*) Quand donc as-tu été à la Chapelle?

VIRGINIE.

Hier soir.

BONNEVAL.

Avec qui?

VIRGINIE.

Avec ma petite maman.

BONNEVAL *frémissant.*

O ciel! (*A part.*) Cruel enfant! quel coup tu viens de me porter! (*A Armand.*) Vous avez entendu, Monsieur, est-il vrai?

ARMAND.

Je n'ai rien à dire.

BONNEVAL *se lève.*

Que l'on fasse venir ma fille.

(*Magdelon sort.*)

SCÈNE VI.

ARMAND, EUGÈNE, VIRGINIE, GRIMALDI, BONNEVAL.

(Armand est absorbé dans ses réflexions douloureuses.)

EUGÈNE, *à part.*

Hélas ! elle sera donc aussi témoin de ma fin déplo-
rable ! *Depuis ce moment jusqu'à la dernière scène, il écrit
par intervalles; il lève fréquemment les yeux aux ciel, et
paraît ressentir de vives douleurs.*

BONNEVAL, *se promenant avec agitation.*

Ernestine à la Chapelle ! dans quelle intention ?.....
Pourquoi, comme de coutume, ne m'a-t-elle pas prié de
l'accompagner ? ..... Ah ! je désire et je tremble tout à-
la-fois de connaître la vérité...... La voici..... Sa pâleur,
son abattement .... Malheureux père ! ...... Grand Dieu !
serait-elle coupable ? (*Il va reprendre sa place.*)

SCÈNE VII.

ARMAND, BONNEVAL, EUGÈNE, ERNESTINE, GRIMALDI, VIRGINIE, MAGDELON, Archers, Peuple.

*(Magdelon soutient Ernestine qui s'avance plus morte
que vive. Virginie s'échappe des mains de Grimaldi
et va embrasser sa mère. Les domestiques s'éloignent
après avoir avancé un siége à leur maîtresse.*

GRIMALDI *reprend l'enfant, va auprès d'Ernestine, et
lui dit tout bas :*

Quoi qu'il arrive, tenez votre promesse, car je ne manquerai pas à la mienne. (*Il va se placer avec l'enfant auprès d'Armand, en face d'Ernestine, de manière à l'intimider par ses regards.*)

BONNEVAL *n'interroge sa fille qu'en tremblant et sans oser la regarder.*

Est-il vrai, ma fille, que vous soyez allée, hier soir, à la Chapelle-des-Bois ?

ERNESTINE.

Oui, mon père.

BONNEVAL.

Dans quelle intention ?

ERNESTINE.

Dans quelle intention.....

BONNEVAL.

Ne me cachez rien. Vous y avez rencontré M. Armand ?

ERNESTINE.

Il est vrai.

BONNEVAL.

On présume que M. Michelin a péri dans cette même chapelle ; le croyez-vous ?

ERNESTINE.

J'en suis sûre.

BONNEVAL.

Sûre ?

ERNESTINE.

Malheureusement.

BONNEVAL.

Vous étiez donc présente ?

ERNESTINE.

Hélas !

BONNEVAL.

Répondez d'une manière positive.

ERNESTINE.

Témoin invisible, j'ai tout entendu.

BONNEVAL.

M. Armand était-il parmi les assassins ?

ERNESTINE , *très-vivement.*

Lui? Oh ! non.

BONNEVAL.

Osez-vous l'affirmer ?

ERNESTINE, *se levant et avec solemnité.*

Devant Dieu.

BONNEVAL.

Puisque vous affirmez qu'il n'était point au nombre des meurtriers, vous les connaissez donc ?

ERNESTINE.

Je le crois.

BONNEVAL.

Nommez-les. (*Eugène est dans une affreuse perplexité.*)

ERNESTINE.

J'étais privée de l'usage de mes sens au moment où l'on a consommé le crime, et je craindrais de me tromper.

EUGÈNE, *par un mouvement involontaire.*

O mon Dieu! Quelle affreuse situation!

BONNEVAL , *lui prenant la main.*

Va, mon fils, tu ne peux la sentir aussi vivement que moi! (*A Ernestine.*) Et Jérôme, était-il aussi dans la chapelle ?

ERNESTINE.

Oui, mon père.

BONNEVAL.

Le croyez-vous auteur ou complice du crime?

ERNESTINE.

Ni l'un, ni l'autre.

BONNEVAL.

Comment! il n'y a point participé ?

ERNESTINE.

Au contraire.

BONNEVAL.

Quelle énigme!.... D'où lui vient cette bague qu'Armand a reconnue comme appartenant à son oncle ?

ERNESTINE.

Ne m'interrogez plus. Armand et Jérôme sont innocens.

BONNEVAL.

Qu'on fasse entrer Jérôme.

ARMAND, *à part.*

Quel inconcevable mystère ! Qui donc a pu si bien l'instruire, et quel motif si puissant l'empêche de faire connaître la vérité ? (*Haut.*) Ernestine, n'hésitez point à vous rendre au désir de votre père. La Société veut être vengée. Le glaive de la justice doit atteindre les coupables, quels qu'ils soient.

ERNESTINE.

N'achevez pas !

EUGÈNE, *à part.*

O mon Dieu ! Que je souffre !

GRIMALDI, *bas à Eugène.*

Tâche donc de te contraindre; ta figure seule va tout révéler.

SCÈNE VIII.

ARMAND, JÉROME, GRIMALDI, VIRGINIE, BONNEVAL, EUGÈNE, ERNESTINE, MAGDE-LON, Archers, Peuple.

JÉRÔME.

Oh çà ! vous autres, aurez-vous bientôt fini ? Si ça vous amuse de me promener, je vous le dis, foi d'homme, ça n' me plaît guères à moi.

BONNEVAL.

Jérôme, je vous ai fait appeler pour que vous fassiez, devant le public assemblé, les révélations que je n'ai pas voulu entendre ce matin.

JÉRÔME.

Oh! qu'à ça ne tienne, M. Bonneval; j'vas tout vous
dire. Oh! j'vous dirai tout, d'abord; je ne crains rien,
moi, j'ai la conscience nette.

BONNEVAL.

Avez-vous vu ma fille dans la chapelle hier soir?

JÉRÔME.

Mademoiselle Ernestine?..... Quelle drôle d'idée, par
exemple! Il me semble que ce n'est pas à c'te heure-là
qu'on rencontre une demoiselle dans les bois.

BONNEVAL.

Elle y était cependant, car elle vous y a vu.

JÉRÔME.

Elle m'a vu, mademoiselle Ernestine?...... Ah! bah,
laissez donc....... Avec tout l'respect que j'vous dois,
ainsi qu'à la compagnie; j'vous dirai que ça me semble
un peu difficile, pour n'pas dire impossible; car il faisait
nuit noire, et certainement vous avez bien pu m'entendre,
mais pour me voir, j'vous en défie.

ERNESTINE.

Il est vrai, je n'ai fait que vous entendre.

JÉRÔME.

Vous voyez bien que j'avais raison.

BONNEVAL.

Et, que disait-il?

ERNESTINE.

Mon père.......

JÉRÔME.

Oh! n'vous gênez pas, Mademoiselle.... Comme je n'ai
point fait d'mal, vous pouvez tout dire. Vous m'avez
peut-être entendu, quand j'menaçais de tuer......
(*Mouvement général*)

BONNEVAL.

Comment! Vous menaciez de tuer?....

JÉROME.

Un moment ! ... Entendons-nous..... C' n'est pas c' pauvre
M. Michelin que je voulais tuer. Je menaçais un homme ou
plusieurs hommes, je n'sais pas, moi, combien ils étaient,
qui maltraitaient une personne. J'avais entendu de loin
un coup de feu, des cris..... Il m'a semblé que c'était une
voix de femme, et j'sommes accouru pour la défendre.
C'est-il vrai, ça Mademoiselle ?

ERNESTINE.

Oui.

JÉRÔME.

Tiens! j'y songe présentement. C'était peut-être vous
que ces coquins menaçaient ?..... Ça serait singulier, par
exemple !

BONNEVAL.

Etait-ce vous que l'on menaçait, ma fille ?

ERNESTINE.

Oui, mon père, c'était moi.

JÉRÔME.

Vous n'avez rien dit tout le tems que j'étais là. Par
ainsi, moi, je n'ai pas pu vous reconnaître à la voix ; c'est
clair ça..... Il n'y a que deux moyens de reconnaître les
gens, avec les yeux ou bien les oreilles.

BONNEVAL, *à Ernestine.*

Pouvez-vous désigner les personnes qui vous menaçaient ?

ERNESTINE, *intimidée par Grimaldi.*

Non. Je.... ne.... le... peux pas.

BONNEVAL.

Chaque incident nouveau, chaque mot semble com-
pliquer encore cette affaire. (*A Jérôme.*) Mais enfin
comment cette bague s'est-elle trouvée à votre doigt ?

JÉRÔME.

On me l'a donnée.

BONNEVAL.

Qui ?

JÉRÔME.

Ah ! quelqu'un qui n'est pas loin. (*Mouvement d'effroi de Grimaldi, d'Eugène et d'Ernestine.*)

GRIMALDI, *à part.*

Ce misérable m'aurait-il reconnu ?

JÉRÔME.

Venez çà, M. l'archer, approchez.,.... Venez raconter à M. Bonneval, comme quoi, après avoir pris mon fusil, vous m'avez confié ce bijou, en me disant de le rapporter à St.-Jean-de-Maurienne, chez le brigadier, pour me faire reconnaître, et que là, je recevrais un secours. C'est-il vrai, ça ?

LE BRIGADIER.

Je ne sais pas ce que vous voulez me dire.

BONNEVAL.

M. le brigadier ne pouvait se trouver hier dans la cha-pelle à l'heure où le crime paraît avoir été commis ; car je l'avais envoyé à cinq lieues d'ici, et dans une direction opposée.

JÉRÔME.

Diable ! c'est singulier !...... Si c' n'est pas M. le briga-dier, c'est apparemment un autre qui a pris sa qualité. Demandez plutôt à Mademoiselle. Ernestine, puisqu'elle y était, si l'on ne m'a pas remis c'tte bague pour me faire reconnaître.

ERNESTINE.

Ce sont, en effet, les termes dont on s'est servi.

BONNEVAL.

Reconnaîtriez – vous celui qui vous a fait ce perfide présent ?

JÉRÔME.

Certainement..... Ah ! dam', c'est selon, ça..... A dire vrai, je serais bien aise d' le reconnaître, mais ça n'est pas facile.

BONNEVAL, *montrant Armand.*

Est-ce Monsieur ?

JÉRÔME.

M. Armand !

ARMAND.

Oui ; est-ce moi ? me reconnaisssez-vous pour celui qui vous a remis la bague ?

JÉRÔME, *qui a paru l'écouter avec intention.*

Vous ? Oh ! nenni-da ! Ça n'est pas vous. L'homme qui m'a arrêté, et qui, selon toute apparence, était un d' ceux qui ont fait c' mauvais coup, était bien aussi robuste qu' vous.... Il m'a serré d'une force diabolique ;.... les côtes m'en font encore mal ; c'est tout ce que j'en sais. Il faisait nuit, comme on dit, à ne pas voir le bout d'son nez. Au surplus, je vous ai donné un bon indice ; c'était de suivre la trace des pas.

GRIMALDI, *à part.*

Eloignons cette idée dangereuse pour nous. (*haut.*) M. Bonneval, me sera-t-il permis de rappeler ici un fait que j'ai été à même de vérifier, et sur lequel on ne s'est point assez appesanti ?

JÉRÔME, *à part.*

Oh ! quelle voix !

GRIMALDI.

Il pourrait, selon moi, donner l'explication de cette douloureuse catastrophe. On a trouvé près de l'endroit où le malheureux Michelin a péri, deux pistolets...

(*Le brigadier les montre.*)

ARMAND.

Ce sont les siens.

GRIMALDI.

Dont l'un est vide, et l'autre encore chargé, mais sans amorce.

JÉRÔME, *à part.*

On dirait que c'est ça !

BONNEVAL.

Jérôme, combien de coups avez-vous entendus ?

JÉRÔME.

Un seul, M. Bonneval. (*à part.*) Tant plus qu' j'écoute, tant plus qu' c'est ça !

ARMAND, *à Jérôme.*

Qu'avez-vous donc ?

JÉRÔME.

Paix ! laissez-le parler, qu' je l'écoute encore.

GRIMALDI.

Il est plus que probable que M. Michelin, pour des motifs que l'on découvrira plus tard, sans doute, aura essayé de se tuer dans la chapelle, mais que s'étant blessé seulement, il se sera traîné jusqu'à l'Isère pour y terminer sa vie.

ARMAND, *paraît concevoir des soupçons.*

M. Bonneval, le moyen que l'on vous propose est évasif, insidieux ; il tend à vous dérober la connaissance des vrais coupables ; je ne l'admettrai jamais comme une preuve complète ; il ne me justifierait pas suffisamment. Des soupçons injurieux se sont élevés contre moi ; il faut qu'ils soient détruits. Tout-à-l'heure, j'étais au nombre des prévenus, maintenant je deviens accusateur. Il faut que mon oncle soit vengé. Ernestine a été menacée dans la chapelle ; il faut que l'on sache par qui. Certes, ce ne peut être que par des hommes intéressés à dérober leur secret ; ce secret, Ernestine le connaît, et je lui ordonne de le révéler.

ERNESTINE.

Armand !

BONNEVAL.

Je lui ordonne ! de quel droit ?

ARMAND.

Oui, Monsieur, je l'ordonne au nom de l'autorité que j'ai sur elle.

BONNEVAL.

De l'autorité !

La Chapelle.   K

ARMAND.

Ernestine est mon épouse.

BONNEVAL.

Votre épouse !

ERNESTINE, *tombant à genoux.*

O mon père ! ne me maudissez pas !

ARMAND.

Ouvrez ce porte-feuille ; vous y trouverez la preuve de notre union, contractée de l'aveu de sa mère et en sa présence. Ces lettres vous donneront une juste idée de la tendre affection dont m'honorait votre respectable épouse. Mais précisément parce que les torts de M. Michelin envers moi, pouvaient faire supposer que je fus son ennemi, je n'en dois être que plus ardent à venger sa cendre. C'est pour me voir plutôt, qu'Ernestine s'est rendue à la chapelle ; maintenant, il faut qu'elle nous dise ce qu'elle y a vu et entendu après mon départ. Parlez , Ernestine.

BONNEVAL.

Parlez, ma fille, je vous l'ordonne comme père et comme magistrat.

ARMAND.

Désignez les meurtriers.

ERNESTINE.

Je n'en connais qu'un.

ARMAND.

Nommez-le.

ERNESTINE.

Eh bien !...

(Grimaldi met la main sous son habit , à la hauteur de la poitrine, comme pour prendre son stilet. Ernestine le voit, et s'écrie avec l'accent du désespoir.)

Armand , sauve ta fille !

ARMAND *devine une partie de l'intention d'Ernestine. Il prend vivement Virginie et la sépare de Grimaldi.*

Sois sans crainte ! je réponds d'elle.

GRIMALDI.

Monsieur, votre action semblerait m'inculper !

ARMAND, *avec beaucoup d'énergie.*

Nous verrons plus tard, si vous méritez de mourir de la main d'un officier français. Répondez avant tout à Madame.

GRIMALDI, *à Ernestine.*

Quoi ! Madame, vous ôseriez ?...

ERNESTINE.

Oui, malheureux ! tu as voulu m'assassiner !

TOUS.

Grimaldi !

JÉRÔME.

Oh ! pour le coup, c'est lui !

BONNEVAL.

Que veux-tu dire ?

JÉRÔME.

J' veux dire que la voix de Monsieur est précisément celle de l'homme qui m'a arrêté dans la chapelle, et qui m'a donné la bague.

GRIMALDI, *hors de lui.*

Misérable coquin ! tu ôses...

JÉRÔME.

D' mieux en mieux ! Sur mon ame et conscience, c'est lui !... Oh ! j' le jure devant Dieu !

GRIMALDI.

M. Bonneval, vous jugerez, de sang-froid, quel degré de confiance mérite cette double accusation. Le crime a été commis cette nuit, et vous savez qu'Eugène et moi, nous ne nous sommes pas quittés. S'il était possible d'accueillir cette ridicule dénonciation, il faudrait en conclure que votre fils est complice d'un meurtre.

ERNESTINE, *à part.*

Oh ! mon Dieu ! qu'ai-je fait ?.... il a raison...., mon frère....

EUGÈNE, *présentant un papier à Bonneval.*

Lisez, mon père... (*à part.*) Ah ! je meurs.

BONNEVAL *parcourt le papier.*

Quel épouvantable secret !.. Ah ! pour notre honneur, dérobons-en, s'il se peut, la connaissance à ceux qui m'entourent !

GRIMALDI , *à part.*

Il a tout dit ! Je suis perdu !

BONNEVAL , *voyant chanceler Eugène.*

Mon fils !

(*Ernestine accourt et soutient son frère ; Armand et Magdelon s'approchent également.*)

BONNEVAL , *prenant Grimaldi par le bras et l'entraînant auprès d'Eugène , lui dit avec une voix étouffée.*

Viens , malheureux , contemple ton ouvrage... Voilà donc le prix de ma confiance.... Voilà donc où peuvent conduire de faux amis et des sociétés corrompues !.. Misérable ! ta mort...

GRIMALDI.

La mort ! je ne la crains pas.

(*Il tire son stilet et veut se frapper ; Jérôme et le brigadier se précipitent sur lui , et le désarment.*)

BONNEVAL , *au brigadier.*

Monsieur , je vous livre le coupable ; conduisez-le à Chambéry.

(*Grimaldi s'éloigne.*)

EUGÈNE , *à son père, d'une voix mourante.*

Mon père , ne maudissez pas la mémoire de votre fils.

BONNEVAL.

Ernestine , Armand , et vous , mes amis , aidez-moi à secourir cet infortuné. Si nous ne pouvons l'arracher au trépas , que votre tendresse adoucisse au moins la douleur de sa perte.

(*Tout le monde se groupe autour d'Eugène. Les archers emmènent Grimaldi , qui tourne souvent la tête pour revoir encore son malheureux ami. Le peuple est consterné. Tableau de douleur.*)

FIN.

www.ingramcontent.com/pod-product-compliance
Lightning Source LLC
La Vergne TN
LVHW012228170726
843503LV00005B/2343

9 782329 696584